東北亞戰和走索

地緣政治

科技╳矛盾╳核武
在衝突中主導走勢，離戰爭距離最近

Geopolitics Northeast Asia

剽悍的東北亞，
地緣板塊劇烈摩擦、碰撞，
民主與獨裁兩大陣營犄角對峙。
在窮兵黷武之下，
蒙古成為各方爭取的焦點，
也讓她離中立國的美夢愈來愈遠……

序言

俯瞰東北亞戰和大棋盤

文／林奇伯

野心家特別鍾愛東北亞，這盤地緣棋局已激烈對弈二百年，競逐熱點一路從中國東北，往東推進到朝鮮半島。棋盤上伏筆處處，招招極端，無一刻靜止，每一著都牽引國際大局走勢。因此，在全球所有地緣政治板塊中，東北亞被稱為「死亡之組」，參與競逐的海陸強權都屬於「怪物」等級，擁核數量和核武器騷動程度也是全球第一。

有關棋盤的伏筆，首位狙擊者俄羅斯布局最深遠，從沙俄時代至今，已發動過好幾波「遠東大拓荒」和「領土大掠奪」，成果十分豐碩，不只拿下太平洋不凍港出海口，連整個中國和北韓都被共產國際染紅，為今日東北亞獨裁聯合陣營打下合作基礎。布線、觀察、耐心、等待適當時機，二〇二四年，普丁舉棋，說動北韓派兵俄烏戰場，把歐亞大陸東西兩端二大火藥庫連動在一起，讓全球局勢來到嶄新轉捩點。

有關極端，東北亞有著世界上最富裕與最貧窮的兩個世界，同時呈現歌舞昇平和劍拔弩張兩種矛盾風景，朝鮮半島即為鮮明展示場。韓戰後，南北韓分道揚鑣，各自飆出罕見奇蹟——南韓藉著經濟實力，化身中等強國，在科技、產業、外交、軍事工業、體育、流行文化等領域，全都躍上世界一流；北韓則把資源全傾注於單一實力「核武」，領導狂人隨時都可藉由導彈試射對強國叫陣，在地緣區域上翻雲覆雨。

有關未來，人類地緣政治競逐的最後處女地只剩「北極海」和「太空」兩個地方。東北亞最北端的白令海峽爲進入北極海的咽喉點，東西兩側各掌握在美國與俄羅斯手中，鄰近的日本與中國也特別關注這條直通北歐的便捷航道，東北亞競逐勢必往北邊延伸。

美麗與危險，台灣可扮演牽引張力的角色

東北亞棋盤上的競爭者，無論是日本、韓國、中國或美國，都與台灣有著深刻羈絆。以台灣的國際處境，較難在東北亞戰和中扮演關鍵力量，但卻可以發揮域外樞紐的角色，以經貿和供應鏈實力從周邊牽引整個棋盤上的張弛平衡。

提起東北亞，多數人會想到它的美麗。東京櫻花漫天飛舞，首爾楓葉染紅山頭，蒙古草原馳馬吟嘯，無不引人心醉。而這樣的美麗，又因長期處在戰爭陰影下，更散發出脆弱、珍貴的光澤。《地緣政治：東北亞戰和走索》以歷史縱深爲切入點，和讀者一起走進這塊顫巍走索的棋盤，體驗美麗與危險都在一瞬之間的獨特知識氛圍。

英姿煥發，威風軍容，俄羅斯軍鼓隊在海參崴遊行中，敲擊聲雷雷如戰鼓。

4 換位思考，各國眼中的東北亞

5 當代東北亞現場

6 名家銳眼看東北亞——159

7 台灣的觀點可以是——173

俄羅斯在海參崴遊行，
士兵氣宇軒昂，
展現普丁擘劃新遠東戰略的企圖心。
而他的心，
正攪亂東北亞整個盤棋。

1 秒懂東北亞地緣政治

東北亞位於歐亞大陸東北部，素為強權爭奪場域。從近代以前的全陸權爭奪，到晚近的海陸爭霸，東北亞名列全球四大火藥庫之一，任何風吹草動都可能影響全球大局。

新世紀的東北亞如何能在戰和之間走索？各大強權又在此處扮演什麼角色？從六大地緣政治特色入手，即能明白多方角力下的東北亞政治格局。

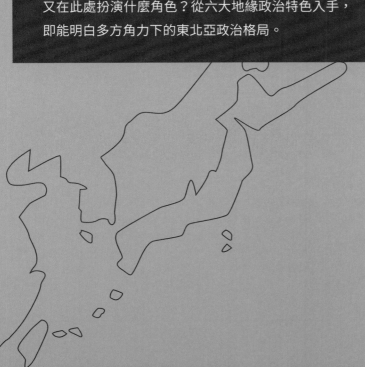

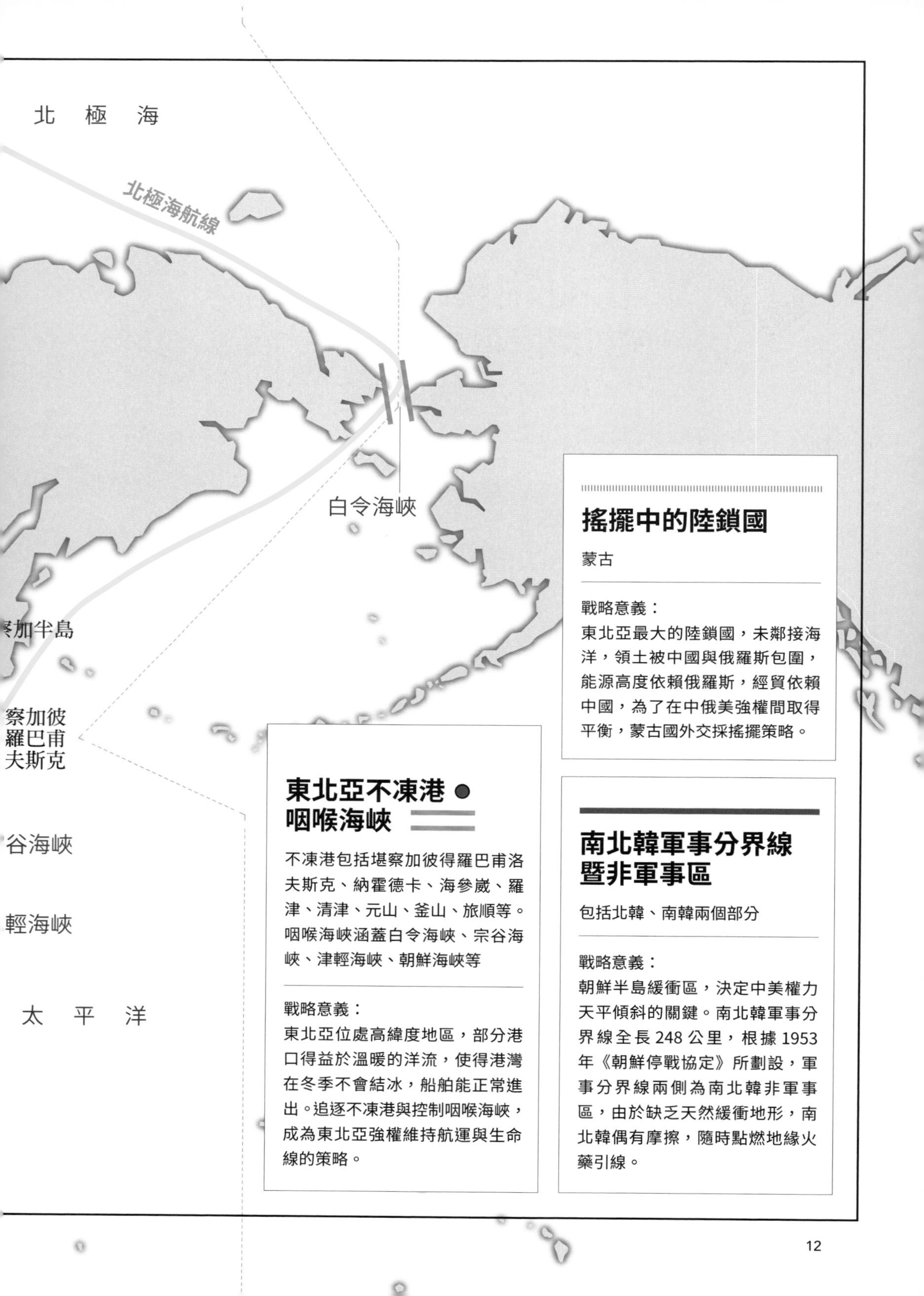

搖擺中的陸鎖國

蒙古

戰略意義：
東北亞最大的陸鎖國，未鄰接海洋，領土被中國與俄羅斯包圍，能源高度依賴俄羅斯，經貿依賴中國，為了在中俄美強權間取得平衡，蒙古國外交採搖擺策略。

東北亞不凍港●咽喉海峽

不凍港包括堪察加彼得羅巴甫洛夫斯克、納霍德卡、海參崴、羅津、清津、元山、釜山、旅順等。咽喉海峽涵蓋白令海峽、宗谷海峽、津輕海峽、朝鮮海峽等

戰略意義：
東北亞位處高緯度地區，部分港口得益於溫暖的洋流，使得港灣在冬季不會結冰，船舶能正常進出。追逐不凍港與控制咽喉海峽，成為東北亞強權維持航運與生命線的策略。

南北韓軍事分界線暨非軍事區

包括北韓、南韓兩個部分

戰略意義：
朝鮮半島緩衝區，決定中美權力天平傾斜的關鍵。南北韓軍事分界線全長 248 公里，根據 1953 年《朝鮮停戰協定》所劃設，軍事分界線兩側為南北韓非軍事區，由於缺乏天然緩衝地形，南北韓偶有摩擦，隨時點燃地緣火藥引線。

一圖全解

東北亞地緣戰略戰況

一個封閉陸鎖國，兩股對抗的半島勢力，一條由不凍港與咽喉海峽構成的海上命脈

東北亞戰和走索

東北亞衝突一觸即發，海陸陣營正醞釀全新布局。理解東北亞地緣政治，即理解掌控衝突一瞬的智慧，是台灣思索自我處境的最佳借鏡。

文／林俊宇

全球最悍地緣，隨時撼動全世界

東北亞是全球安全最脆弱的地緣，也是世界四大火藥庫中最接近核戰的火線區域，二百年來從沒安定過，二戰在這裡還未打完，導彈頻繁劃過天際。

東北亞，也被稱爲怪物強權的誕生地，一個沒有弱者的超級擂臺。從十九世紀起，整個地緣就充滿了戰和撩亂的磁場，海權懷抱著陸權思維，陸權又在這裡爭奪不凍港出海口。各方勢力較勁，乎敵乎友，二十世紀**島鏈防線**造就東西對立的雛形，二十一世紀北極海融冰牽引出全球貿易網新格局。東北亞國家性格裡的「悍」，隨時可能「撼動」全世界。（見36頁）

攤開地圖，就可以看見以日韓爲中心的「狹義東北亞」之外，還有一個幅員遼闊的「廣義東北亞」，包含了日本、南韓（即大韓民國，或稱「韓國」）、北韓（即朝鮮民主主義人民共和國，或稱「朝鮮」）、中國、俄羅斯與蒙古六個國家，往北控扼北極航線，向南銜接第一島鏈與第二島鏈，望西涵括了俄羅斯遠東地區，

名詞解說

島鏈防線 (island chain)

又稱為「島鏈戰略」，原先在一九五〇年時，由時任美國國務卿艾奇遜(Dean Acheson) 所提出的「西太平洋防禦圈」(Western Pacific Defense Perimeter) 戰略概念，目的是將西北太平洋海域的島嶼從北到南鏈結起來，是「第一島鏈」的雛形。後來這個概念被繼任的國務卿約翰．杜勒斯 (John Foster Dulles) 延伸為「島鏈」戰略，並建立起三條島鏈以圍堵蘇聯和中國等共產主義國家。

探東則可達美國領土阿拉斯加，讓美俄兩國相鄰。若把駐守日韓的美國也算進去，整個東北亞等於是由七個國家決定了核戰火藥庫是否引燃。（見20頁）

從地緣政治的角度來看，東北亞是麥金德「陸權論」與馬漢「海權論」的活教材，中國在這裡腹背受敵，滿洲是東北亞歷史上的第一個超級擂台，也是強權的緩衝地帶，曾經引來日俄兩國軍事入侵。

十九世紀，俄羅斯透過《中俄瑷琿條約》和《中俄北京條約》取得整個外東北，拿到不凍港出海口，成片割讓的土地至今仍是中俄兩國不可言說的心結。日本則在二次大戰前扶植滿洲國，觸角廣布內蒙古與河北省，直接與蘇聯接壤。東北哈爾濱是中國共產黨最早「赤化」與「解放」的大城市，被毛澤東稱為「共和國長子」，攸關裡子和面子。（見26頁）

六個地緣國家，三個擁核

二戰後，東北亞緩衝區從中國東北外移到朝鮮半島，並且定著在人為劃出、寬度僅四公里的北緯

俄羅斯民間重視西洋棋教育，海參崴學童正專注對弈，培養戰略思維、大局觀與專注力。今日俄羅斯把戰略重心重新調整回遠東地區，積極與北韓建立關係，正展現出對東北亞棋局的野心與耐心。

三十八度線上。因爲緩衝地帶太過狹窄，也等於是沒有緩衝地帶可言，又或者說整個東北亞的北韓、南韓、中國、俄羅斯、日本與蒙古的部分國土都是彼此的緩衝區，一旦爆發衝突，整個地緣即刻捲入其中。

東北亞有大陸、半島、島嶼、沙漠、**陸鎖國**、永凍層、不凍港、咽喉海峽、緣海、北極海、北緯三十八度線人爲邊界等多種能引發權力競逐的地理元素，也有把經濟與政治緊密包裹在一起的當代國際關係典型，域內國家利用各種地理元素合縱連橫，又進一步造就出當代東北亞新面貌，形成「中俄朝」與「美日韓」三對三的戰略態勢。（見22頁）

原先東北亞就已存在著最富裕與最貧窮的兩極，中美貿易戰開打後，美韓日台晶片四方聯盟成形，讓地緣政治的對峙態勢與地緣經濟更加吻合。中俄兩國則是槓桿海參崴，讓中國取得內貿中轉港口，以經濟合作爲軍事聯盟打下好基礎。

東北亞六個國家裡，就有三個擁有核武；日韓雖然沒有核武，但美軍核威懾能力也迂迴透過駐軍展現出來。北韓長期以核武作爲外交威嚇與談判籌碼，則體現出身爲地緣緩衝區的不安。（見56頁）

北韓領導人不只一次表態，心中最忌憚的對象並非美國，而是背後的老大哥中國。金正日曾向南韓總統金大中表明，爲了維持東北亞的勢力均衡，即使朝鮮半島統一，駐韓美軍也要繼續駐紮在朝鮮半島。根據前美國中情局局長的龐佩奧

名詞解說

陸鎖國（landlocked country）
又稱為內陸國家，泛指一個國家沒有任何領土與海洋相連，四面均與陸地接壤，至少要透過一個鄰國做進出口貿易，經濟上也比較仰賴鄰國援助。

京義線與東海線鐵公路
二〇一八年兩韓發布《平壤共同宣言》，決定由南韓斥資四十二億，將位於南韓的京義線與東海北部線鐵公路連接至北韓境內。朝鮮半島上局勢詭譎多變，二〇二四年北韓宣布將南韓列為敵國，隨後炸毀北韓境內京義線與東海北部線鐵公路上軍事分界線以北的連接路段，南韓舉國譁然。

的說法，二〇一八年金正恩也曾向他透露，為了使北韓不受中國威脅，北韓需要美軍繼續駐韓。（見27頁）

另外，俄羅斯在俄烏戰爭中遭遇挫折後，重新意識到遠東的重要。二〇二四年普丁除了高調訪問中國東北，提及開放遠東與北韓邊界比鄰的圖們江出海口等項目，也訪問北韓，簽署《全面戰略夥伴關係協議》，重新又把勢力伸進朝鮮半島。而這項協議，讓俄朝產生高度默契，北韓甚至派兵到俄烏戰場，協助普丁。

台灣該如何面向東北亞？地緣政治是解答

整個東北亞地緣政治板塊正在大幅位移中，日本想掙脫和平憲法束縛，南韓逐漸加入島鏈防衛陣營，北韓炸斷聯繫兩韓的**京義線與東海線鐵公路**，蒙古陸鎖國角色再度活躍，中國持續突破邊界限制，俄羅斯積極轉向遠東，美國布局島鏈大戰略。（見56頁）**台灣該如何面對這個關鍵重塑期，並站上最佳戰略位置？**

海參崴港是俄羅斯遠東地區的橋頭堡，也是俄羅斯太平洋艦隊的駐軍基地。圖為海參崴港延伸半島上的托卡列夫燈塔，不少旅客會在退潮時沿著海面上露出的陸路參訪燈塔。

首先，必須從改變觀看東北亞的視角開始。

國際社會討論東北亞時，會同步關注整體區域安全與地緣經濟，但台灣社會提到東北亞，往往會優先討論日韓經濟、文化、觀光。像是日本與韓國的軟實力，更是無遠弗屆的稱霸全球，但這種視野習慣已經侷限了台灣人的想像空間。（見52頁）

台灣早已習慣聚焦台海情勢，特別關心中國動態與美國戰略。但中美兩大陣營在東北亞的角力日益白熱化，雙方陣營內部也存在矛盾和精算，台灣有必要拉高視野、換位思考，才能掌握大局觀。

如果把東北亞當成是冷戰後島鏈處境的對照鏡，或許就有進深思索的路徑。中國以「不可分割」為由，心心念念欲把台灣納入囊中，但面對《中俄璦琿條約》收不回台灣三十倍面積大的外東北，又為何能把帝國的恥辱感直接放一旁？答案就在地緣政治裡。

另外，台灣在觀看「朝鮮半島」時，可以和「台海情勢」綁在同一個視角來看？晶片四方聯盟成形後，台灣與日韓的關係會因為供應鏈的合作，而有了更多可能性？

美麗與危險，戰爭與和平，理解東北亞地緣政治，即理解掌控衝突一瞬的智慧。接下來就先從秒懂東北亞地緣政治特色開始，層層剝開強權在衝突與利益間的聰明權衡，步步推敲矛盾兩極顫巍走索的秘訣。

東北亞各國名稱對照一覽表

中文正式國名	國名簡稱	國名略稱
中華人民共和國	中國	中
俄羅斯聯邦	俄羅斯	俄
蒙古國	蒙古	蒙
朝鮮民主主義人民共和國	北韓（朝鮮）*	朝
大韓民國	南韓（韓國）*	韓
日本國	日本	日

* 備註：依照中華民國外交部網站上的「外交部各國中英文名稱對照表」，兩韓國名簡稱表格中兩種皆適用。本書在涉及地緣政治地理相對位置概念時，國名簡稱使用「北韓」與「南韓」；在行文敘述國家戰略時，則使用「北韓」與「韓國」。

北韓炸毀兩韓鐵公路圖

2024 年 10 月北韓切斷兩韓陸路交通，緊接著炸毀北韓境內京義線與東海北部線鐵公路上軍事分界線以北的連接路段，氣氛火爆，鐵公路重新連接的機會前途難料。

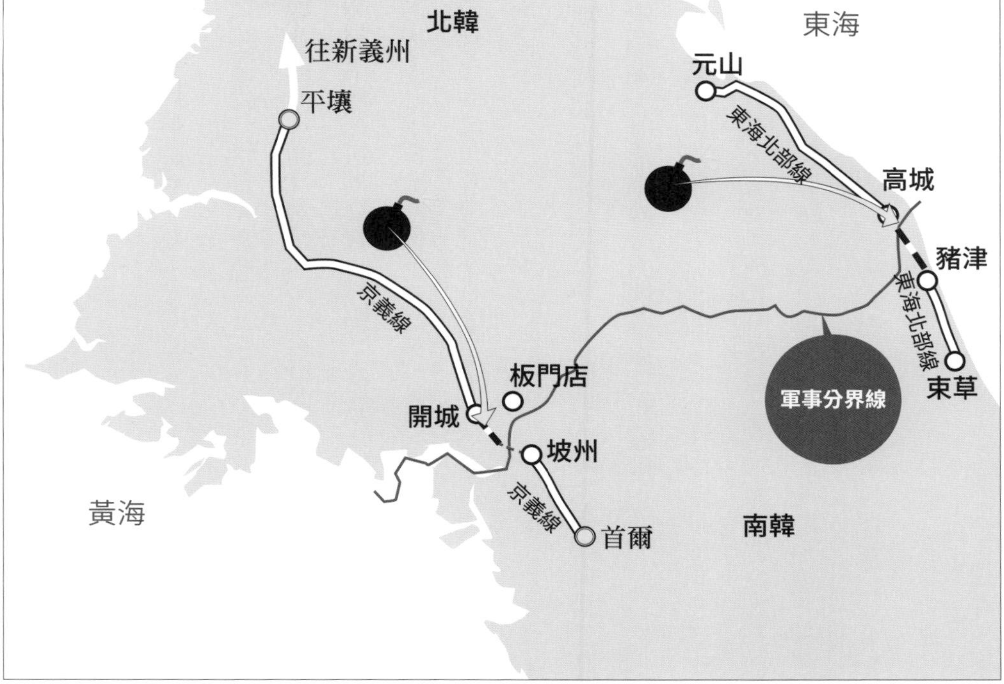

南韓和平列車是著名的觀光列車，曾經行駛在南韓京義線與京元線上，遊客喜歡搭乘此列車前往南北韓非軍事區拍照打卡，和平列車在 2019 年已停止營運。圖為京義線的終點都羅山站，遊客會前往附近的都羅展望台，可眺望北韓邊境的罕見景致。

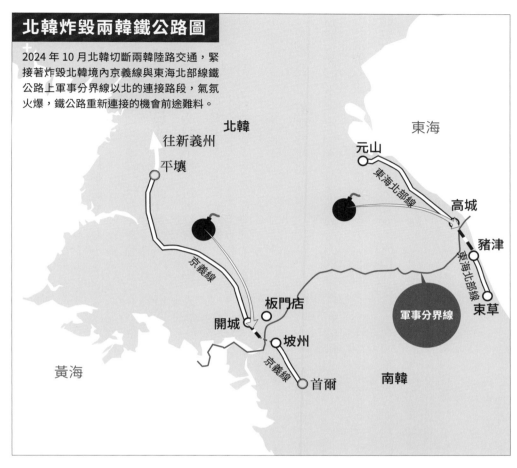

文／李崇翔

特色1 地理跨度大，全球最脆弱地緣帶

內半月形地帶 vs 外半月形地帶

在地緣政治學「陸權論」學者麥金德（Halford Mackinder）的描述中，東北亞屬於「半月形邊緣地區」，而且含括**「內半月形地帶」的中國，以及「外半月形地帶」的日本，海陸兩權在這裡交會、侵蝕、征戰。**二戰前的日本以海權國家之姿懷抱陸權野心，從「外半月形地帶」往「內半月形地帶」大面積征服其他國家領土，她的雄心壯志在中國東北得到初步滿足後，如同拿到權力魔戒，從此一去不回頭。

俯瞰地圖，東北亞向北控扼北極航線，往南銜接第一島鏈與第二島鏈。陸權強國自西向東擴張領土，海權強國勢力則由東往西籠罩。

若把地圖再拉近一點，東北亞從東亞北部，一路往內陸延伸到北亞東部，同時擁有漫長海岸線與繁星島嶼，更涵蓋**西伯利亞**東半部、蒙古高原與草原。其中，濱臨太平洋的一側伸出諸多大半島，並和密布成串的島嶼共同區隔出諸多緣海。位於最北方的白令海峽，是控扼北極海關鍵入口，隨著地球暖化，北極海融冰，成爲新興北極海航線的咽喉要塞。

大陸、島嶼、半島、緣海、北極海、咽喉點、天然與人工邊界，東北亞根本

名詞解說

西伯利亞

是烏拉山脈以東廣大地區的總稱，東至太平洋、北至北冰洋、南至中亞北部，屬於俄羅斯領土，約占俄羅斯領土的百分七十五，該地氣候嚴寒，過去是俄羅斯流放犯人的地方。

舊稱「滿洲」的中國東北，是東北亞第一個強權爭逐的緩衝區，主要城市哈爾濱留下許多日本與俄羅斯殖民的痕跡，也被毛澤東稱為「共和國的長子」，今天則以冬日冰雪節的冰雕聞名。

是地緣政治學的超級展示場，無怪乎衝突不歇，卻又孕育出擁有先進產業的大型經濟體。

彼此需要，又相互提防

因為地理跨度大，東北亞擁有寒帶針葉林、沼澤、草原、沙漠、高原、平原、丘陵多元地形，專門產出不同屬性的強權，這也使得東北亞化身全球安全最脆弱的地區，二百餘年來從未安定，至今二戰仍未打完。

東北亞各國之間歷史糾纏太過緊密、複雜，彼此需要，又相互提防，呈現敵友難分的格局。即使日本與南韓政治立場相近，歷史心結也讓他們無法真正交心。中國與俄羅斯具有共同對手，卻在合作之餘，不忘互吃彼此領土邊界的豆腐。北韓既仰賴中國，卻被中國視作緩衝區。蒙古想當中立國，中俄強權卻非得要她選邊站。

東北亞不時會擦出星點火花，稍有意外，便可能延燒成熊熊大火，使得東北亞國家性格裡的「強悍」，隨時可能會「撼動」全世界。

特色 2

從全陸權爭奪戰，到海陸雙權組隊競逐

日韓美 vs 中俄朝

東北亞承襲冷戰留下的國際格局，大致以北緯三十八度爲界，形成日韓美對上中朝俄的「三對三」局面；若搖擺不定的蒙古確定選邊站隊，隨時可能變成「三對四」或「四對三」。

東北亞雖說是海陸權相會的區域，但在東北亞縱橫全場的強權大多懷抱陸權思維，如中國、俄羅斯，以及發動太平洋戰爭的日本。二戰之前，東北亞是「全陸權」爭奪戰，日俄中三國目光都投注在地理核心滿洲，直到二戰後期，東北亞才逐漸變成海陸權爭奪的場域。

冷戰時期，蘇聯、中國、北韓、蒙古同屬共產主義陣營，美國、日本、南韓則爲資本主義陣營，雙方壁壘分明。隨著蘇聯解體與中國改革開放，東北亞一度春暖冰消，緊接著中美對立、俄羅斯入侵烏克蘭與北韓無極限核武示威，才又大掀波瀾。

爲了防堵中國，美國一改仰賴《美日安保條約》、《美韓共同防禦條約》等雙邊軍事盟約的作法，改在印太地區編織出更緊密的「網格結構（latticework）」大聯盟，包括美日韓、美日菲、美日澳、澳英美等三方聯盟，再結合既有的「四

名詞解說

「草原夥伴 -2024」陸軍聯合訓練

為中國、蒙古兩國陸軍首次聯合訓練，在蒙古東南部的東戈壁舉行，兩國演練聚焦於聯合打擊非法武裝團體，此次訓練延續二〇二三年中蒙舉行「邊防合作 -2023」聯合演練，與打擊邊境走私和恐怖破壞活動為目標的聯合演練相似，均屬於非傳統領域安全的合作範圍。

方安全對話」（Quad），進一步形成「印太戰略」，被稱爲是「印太小北約」。

當地理條件和價值思維相應和

中、俄、朝三國都在強人統治下，擁有相近的共產主義基因，如今全球走向新冷戰，三國面對共同敵人，關係又重返緊密。二〇二四年，俄羅斯與北韓簽署《全面戰略夥伴關係協議》，加深兩國在經濟與軍事上的合作，「朝俄軍事同盟」已然成形。**當地理條件和價值思維相應和後，地緣政治板塊也會更加壁壘分明。**

唯獨積極擺脫蘇聯「隱性殖民」的蒙古仍試圖保持中立，即使外交奉行「第三鄰國」政策，也必須一面美日澳印進行「可汗探索24」（Khaan Quest 24）聯合演習，模擬執行聯合國維和行動，一面又無可避免地必須與中俄交好，甚至舉辦中蒙首次**「草原夥伴-2024」陸軍聯合訓練**，並與俄羅斯維持兩年舉辦一次的「色楞格-2021」軍事演習活動。

值得注意的是，蒙古爲陸鎖國，積極發展「草原之路」戰略，與中國「一帶一路」頗多應合，未來走向值得觀察。

二戰結束後美國海權涉足東北亞，在日本的橫須賀軍港設置美國海軍第七艦隊的司令部，作為維修與後勤補給的海軍基地。

特色3

緣海爭奪，掌握北極航線的未來

馬漢海權論的活教室

地緣政治思想家馬漢（Alfred Thayer Mahan）的「海權論」認爲，東北亞有綿長海岸線，自北而南是白令海、鄂霍次克海、日本海、黃海、渤海等緊貼大陸邊緣的緣海。這些緣海被半島與群島分隔出來，具良港，高緯度地區更有許多不凍港，特別適合發展成海權活躍地。

其中，又因緣海間的海峽特別多，東北亞各國圍繞著控制咽喉點的小島產生諸多主權爭議，例如日俄爭奪北方四島（千島群島）、日韓爭奪竹島（獨島）。日本列島與朝鮮半島上諸多天然良港，美國海權涉足東北亞時，海軍第七艦隊以日本橫須賀作爲司令部所在，把日本的佐世保、南韓的釜山、鎭海等地當作前線部署基地。

俄羅斯海岸線受冬季冰封影響，必須追求不凍港當作踏足太平洋的基礎，自帝俄時代開始，「不凍港」就是俄羅斯在東北亞地緣政治中的關鍵字，即使發動戰爭或強制掠奪，都在所不惜。

中國在清朝末年失去「外東北」地區，少了像海參崴這樣的天然良港，也就失去了日本海出海口，僅能仰賴控扼渤海的旅順港作爲海軍基地。如此一來，要

名詞解說

白令海峽

屬於太平洋的一個海峽，位於亞洲最東點的迭日涅夫角以及美洲最西點的威爾斯王子角之間的海峽，峽寬約三十五至八十六公里，深度在三十至五十公尺之間，這個海峽連接了楚科奇海和白令海，位於俄羅斯與美國阿拉斯加省的中間，冷戰時期，作為蘇聯與美國的邊界，當地人被禁止往返邊界，白令海峽被稱為「冰幕」。

參與東北亞海權競逐，總是差了一氣。

北極海融冰，航程可縮短一半

展望新世紀，地球暖化使北極海冰封範圍縮小，地球北方航線成為牽動亞歐美三大洲地緣互動的最關鍵變數。

北極海存在三條可能的航線，從東北亞航往歐洲，沿著西伯利亞海岸通往北歐的東北航道，比起現今繞經蘇伊士運河的航線，可縮減將近一半航程，整個貿易布局思維也徹底遭到顛覆。

另外，美俄兩大擁核強權交接處的白令海峽，在北極海融冰後，變得更加暢通無阻，等於自然緩衝區的功能削弱。

不過，北極海航線仍只是強權躍躍欲試的地緣政治議題，北極的不凍港過少、航道領海爭議、環保議題、氣候環境惡劣所導致的航行安全問題等，都是未來發展商業航道的變數。擁有地利之便的俄國，企圖對能源豐富的北極海，積極爭取對北極海的控制權。

楚科奇半島為歐亞大陸最東側半島，與美國阿拉斯加僅隔著一百公里寬的白令海峽。北極海融冰後，白令海峽成為控扼新興北極海航線的咽喉要塞。

特色 4

緩衝區：從陸地往沿海推移

二戰前爭奪中國東北，冷戰後較勁朝鮮半島

中國東北舊稱「滿洲」，是清帝國發源地，十九世紀「外東北」尙未割讓給俄羅斯前，整個「大東北」是東北亞的核心。從地緣角度看，這裡往外可探往日本海，往內可通往中國、蒙古、西伯利亞；在自身條件上，東北地區物產豐富，適合發展重工業，是強權發展軍武和經濟的上好基地。

因此，滿洲注定成爲磁場撩亂的能量場，一戰與二戰的亞洲張弛點都在這裡，中俄日三大強權都曾激烈競逐，也各有斬獲，東北順理成爲強權緩衝區。

二戰後，美國海權涉入東北亞。二戰結束後，美蘇勢力先後進入朝鮮半島；整個東北亞的緩衝區也從中國東北逐步往朝鮮半島推移，被視爲「代理人戰爭」的韓戰爆發，即是「半島緩衝區」的關鍵底定點。

中國介入韓戰，表面上的理由是支持北韓對抗美國（抗美援朝），實則在確保朝鮮半島成爲中美的緩衝地帶，以免兩大勢力持續在境內東北摩擦。

北緯三十八度線，緩衝區中的緩衝區

然而，「半島」雖然是地緣政治上常見的強國緩衝區，但像朝鮮半島一般，直

名詞解說

緩衝區（buffer zone）
兩個或兩個以上地區之間的地域性區域，通常可以用來分隔或連接這些地區。緩衝區的一般類型可分為非軍事區、邊境區和綠帶，緩衝區可能由主權國家組成，成為緩衝國。最有名的緩衝區就是北緯三十八度線，也就是南北韓軍事分界線兩側的非軍事區。

接有世界兩大海陸兩權進駐的場域並不多，且南北韓的「北緯三十八度線」人爲分界線又是「緩衝區中的緩衝區」，雙邊非軍事區分隔總長達二百四十八公里，寬度卻只有四公里，缺乏天然緩衝地形，朝鮮半島也注定變成火藥庫，隨時可能擦槍走火。

北韓對於身爲「緩衝區」，感到不安。她長期仰賴俄羅斯和中國，但又忌憚中俄野心。北韓領導人金正日在二〇〇〇年的南北首腦會談中，曾向南韓總統金大中表明，爲了維持東北亞的勢力均衡，即使朝鮮半島統一，駐韓美軍也要繼續駐紮在朝鮮半島，因爲他非常不信任中俄日，尤其中國在北韓背後虎視眈眈。

金正恩也持相同見解。根據前美國中情局局長龐佩奧（Mike Pompeo）的說法，金正恩曾在二〇一八年向他透露，爲了使北韓不受中國威脅，北韓需要美軍繼續駐韓。需要美軍撤出南韓的其實是中共，因爲中共會用對付西藏、新疆的手段，來對待朝鮮半島。身爲「緩衝區國家」的命運與猶豫，可見一斑。

北韓身處「緩衝地帶」懷抱著不安全感，長期稱呼美國為「帝國主義」，稱南韓為「傀儡叛徒」。位於平壤的祖國解放戰爭勝利博物館，至今仍會由導遊解說和歌頌 1968 年俘獲美國間諜艦的傳奇軍事故事。

特色 5

陸鎖國蒙古：地理宿命，中俄附庸國與緩衝國

缺乏出海口，貿易看他國臉色

蒙古曾是地跨歐亞的龐大帝國，以金戈鐵馬踏平歐亞諸國。如今則是世界第二大的「陸鎖國」（landlocked country），僅與俄羅斯、中國相鄰，完全沒有鄰接海洋，客觀地理條件和獨立過程的牽絆，讓她淪為中俄分食的附庸國與緩衝國。

「陸鎖國」又稱「內陸國家」，英文字面上的意思是「陸地封鎖的國家」，完全沒有海岸線，沒有海洋漁業，也缺乏出海口和海上貿易通道，仰賴鄰國通往海洋，發展處處受限，貿易成本高昂。全球共有四十四個，並因獨立建國運動而持續增加中。

雖然國際法規定，陸鎖國家擁有跨越臨海鄰國的過境權，運輸工具和貨物均不受阻撓，但實際上不管政治或經濟，都得看過境國的臉色。

蒙古能源供應高度仰賴俄羅斯，經貿則依賴中國，為了達到平衡，防範中國覬覦，蒙古在政治上相對親近俄羅斯，但為了吸引外資，蒙古提出**「草原之路」**政策，以期與中國的「一帶一路」對接。

另外，蒙古雖富含礦產，但國土沙漠化嚴重，曾被稱為「沙塵暴輸出國」。為了逆轉先天劣勢，近年大力發展太陽能、高科技礦物冶煉廠、鈾礦開發、觀光

名詞解說

草原之路

蒙古所提出的一項政策，旨在透過運輸貿易振興蒙古經濟，預計總投資為五百億美元，該項政策當中有五項計畫，包括連接中俄之間九百九十七公里的高速公路、一千一百公里的電氣化鐵路，興建橫跨蒙古的鐵路以及輸送天然氣、石油之類的管道設施等。該政策對接中國的一帶一路的戰略，希望憑藉中國能加以實現草原之路的政策。

業等，降低對鄰國的依賴。

小國大戰略，以「軍事外交」突圍

儘管蒙古缺乏與鄰國競爭的政經實力，但她積極發展「軍事外交」，透過與各國聯合軍事交流及參與海外維和任務，增強國家外交影響力。蒙古維和人員曾參與聯合國在南蘇丹、馬利與剛果民主共和國的任務，及北約在科索沃與阿富汗的特派團。

蒙古也積極發參與雙邊或多國聯合軍演，強化與各國戰略夥伴關係。如與美國聯合舉辦「可汗探索」（Khaan Quest）、與印度舉辦「游牧大象」（Nomadic Elephant）、與俄羅斯的「色楞格」（Selenge）及與中國的「邊境合作」和「草原夥伴」等軍事演習凸顯蒙古加強與各國的軍事交流和深化合作的決心。

軍事外交被視為蒙古「第三鄰國政策」重要的一環。儘管蒙古積極謀求與西方國家建立更密切的關係，不過蒙古仍舊小心翼翼地避免疏遠中國與俄羅斯，謹慎地在各國之間保持微妙平衡。

蒙古是東北亞歷史上第一個超級強權，但隨著海權興起，東北亞的地緣權力摔角也逐次轉往中國東北、朝鮮半島、第一島鏈海峽咽喉點，蒙古卻成為四周遭困的典型陸鎖國。圖為蒙古青年參加摔角賽。

特色 6

國際戰略幾何圖形上不可忽視的最北緣

權力平衡、利益平衡，幾何圖形連一連

國際關係裡的聯盟關係，主要目的可大致區分爲「權力平衡」、「威脅平衡」、「利益平衡」幾種，參與國不受限於地域遠近，只要有共同目標，就有結盟的動機。

在全球化消退、地緣政治興起後，聯盟關係則常與地理結構緊扣，在地圖上即可連連看，劃出威脅平衡和利益平衡的戰略權力布局。最明顯的例子是，中國「一帶一路」從陸路和海路往外延伸，從南北兩側把歐亞大陸全囊括進中國的影響力範圍，其中經過印度海面的段落還被稱爲「珍珠鏈戰略」，就像一條項鏈緊緊勒住印度象的脖子。

美澳日印爲了反制，也發展出地圖上連起來有如鑽石形狀的「四方安全對話」（Ｑｕａｄ），把中國給圍堵起來。更大面積的「澳英美三邊安全夥伴關係」（ＡＵＫＵＳ），則是核動力潛艦艦隊和**極音速武器**互援體系的體現。傳統的太平洋島鏈防線與當代的「印太戰略」，也都是從點到線，從線到面，築起圍堵中俄往太平洋擴張的重要防線。二〇二四年，美國與澳、日、菲組所成的「印太小隊」（Ｓｑｕａｄ），將第一島鏈「北三角」（美日韓）與「南三角」（美澳菲）

名詞解說

極音速武器 (hypersonic weapon)

也稱為高超音速武器，是利用極音速飛行原理所製作出來的飛彈武器。極音速武器是以五倍音速以上速度飛行的可操縱式武器，分為極音速滑翔機和極音速巡弋飛彈兩類。由於極音速武器機動性強，因此難以被衛星和防空雷達偵測，擁有對飛彈防禦系統較高突破防衛能力的特點。

並聯，形成針對北韓、俄羅斯與中國「六方圍堵」。

東北亞的中俄兩國皆幅員廣大，幾何戰略也以大面積布局。

中國對西方擘劃的「五四三二」陣勢——「五眼聯盟」（Five Eyes）、「四邊安全對話」（Quad）、「澳英美安全協定」（AUKUS）及「澳紐美聯盟條約」（ANZUS），反應最為激烈，也是中國外交部對外喊話，形塑「五四三二」是「維護美國為主導的霸權體系」印象的重點。

對俄羅斯來說，雖然歐洲才是戰略重心，但人口稀少的遠東地區卻是突破既有框架的絕佳施力點。普丁就宣布，遠東是俄羅斯二十一世紀戰略重點。對北韓來說，雖然進行大範圍戰略布局是力有未逮，但鞏固自己在東北亞的關鍵角色，即可槓桿全球影響力。二〇二四年六月，俄羅斯與北韓簽署新的「全面戰略夥伴關係協議」，就是雙方抱團定錨東北亞勢力的重要展現。

不管哪一種戰略幾何布局，東北亞都是在地緣北面撐起整個架構的重要支點。

全球唯一的聯合國紀念墓園就位於南韓釜山，埋葬著因韓戰陣亡的二十二個國家士兵，這裡也成為二戰始終未在朝鮮半島正式結束的象徵，南韓士兵會每天舉行升降旗儀式。

白令海峽是美俄對峙的咽喉點

白令海與東海、南海並稱為亞洲三大緣海，主要範圍是由阿留申群島、堪察加半島、西伯利亞、阿拉斯加所圍起的海域。其中，靠近北極海的白令海峽將歐亞大陸與美洲大陸隔開，整個海峽最狹窄處僅 35 公里，是太平洋通往北極海的重要航道，也是俄美兩國距離最近的所在、21 世紀新興超級咽喉點。

這張漢斯沃思（Harmsworth）百科全書上的老地圖顯示，1940 年代歐美國家已非常重視白令海峽的戰略重要性。地圖也標示出，白令海是在 1728 年由俄羅斯籍探險家維圖斯．白令（Vitus Bering）首航成功，故命名「白令」。

在 1867 年俄羅斯將阿拉斯加賣給美國前，白令海峽的最狹窄處幾乎就屬於俄羅斯的領海。現在，白令海峽上的兩座迪奧梅德島（Diomede Islands）分屬俄美兩國，兩島相距僅 3.8 公里，冷戰前兩島居民可自由往返。但冷戰期間兩島變成禁止往來的「冰幕」。直至今日，俄羅斯仍將白令海峽沿岸列為軍事管制區。

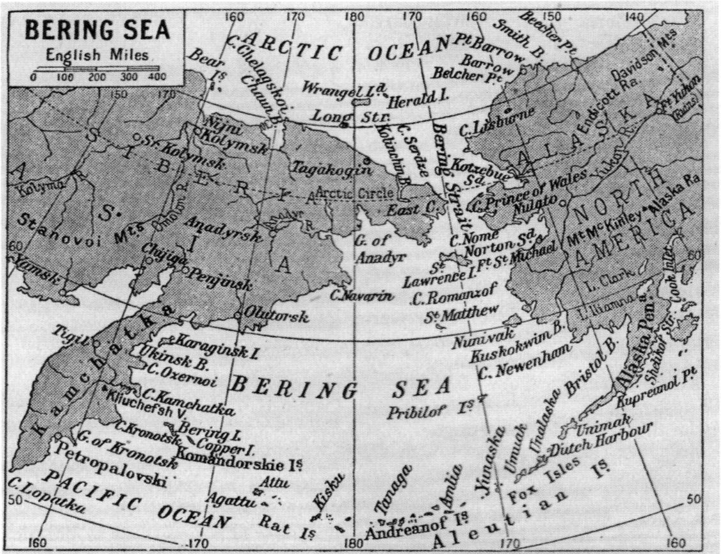

Bering Sea. The ice-encumbered waters separating Asia from America in the far North, first navigated by Bering in 1728

2 東北亞歷史：強權環伺，風起雲湧

東北亞雖只有六個國家，卻是地緣緊張的「死亡之組」，一個沒有弱者的超級擂臺，全球地緣政治最敏感的絕對前線。

冷戰雖然已經結束，但餘燼在東北亞尚未完全撲滅。由北緯三十八度線分隔出的兩個世界，中俄朝三國彼此靠攏，美日韓加緊整合，對抗之局益加明顯，東北亞地緣政治正迎來關鍵重塑期。

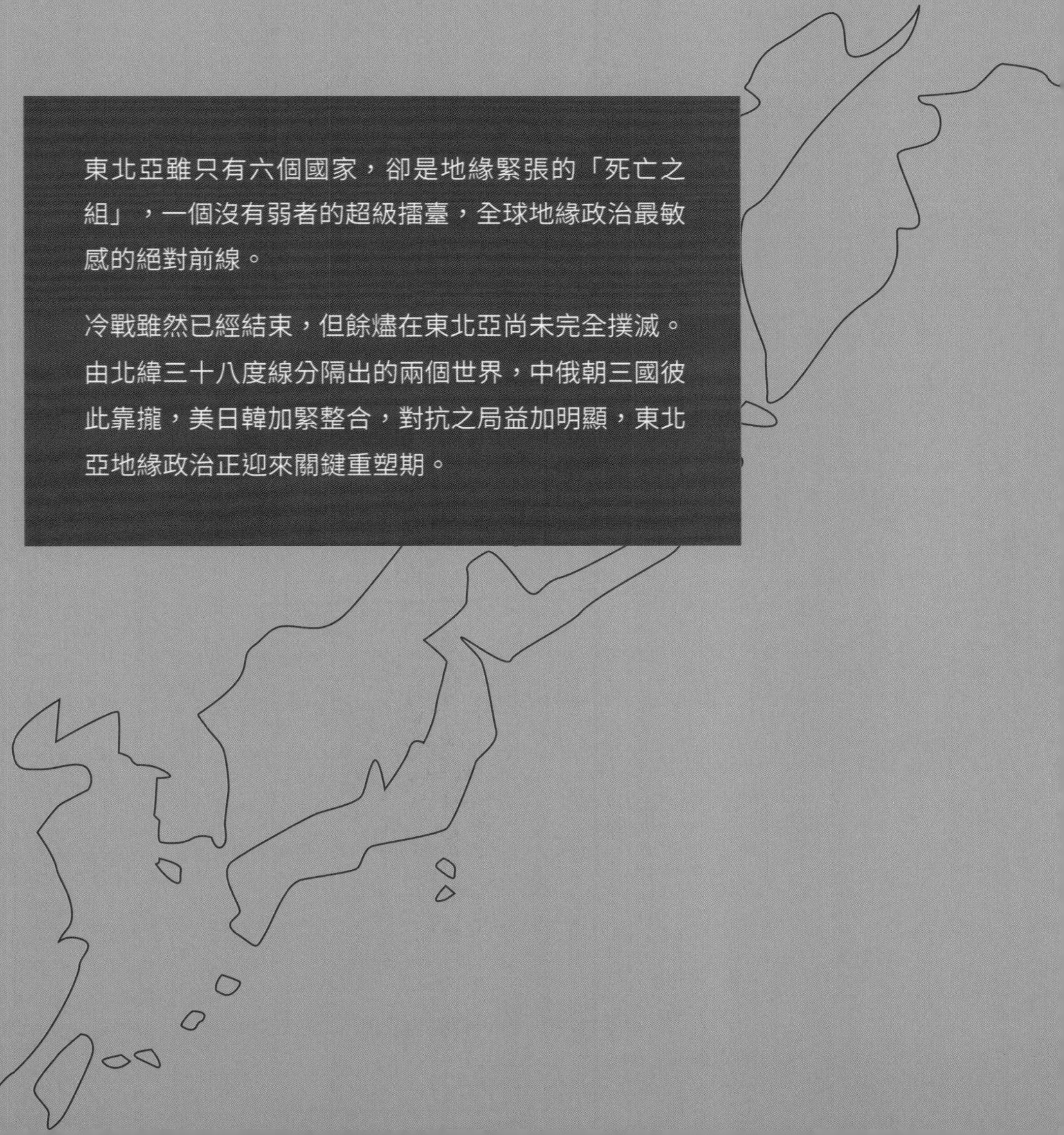

東北亞地緣政治史

全世界軍事力排名前十的國家，有五個在東北亞。這裡是全球核武火爆核心，權力慾望垂涎地，冷戰在此定調，世界大戰在這裡還沒結束。

文／柯筆辰

東北地緣，立起全球最怖懼核戰陰影

人類最後一次在戰爭中使用核子武器已是一九四五年的往事，當人們逐漸淡忘核子戰爭恐懼時，北緯三十八度線的緊張感卻仍如影隨形。二〇二三年，北韓領導人金正恩宣布將核武列入憲法，東北亞再度風起雲湧，被視為全世界最敏感的核彈火藥庫。

每一場戰爭都具有歷史意義，但是這句話放在東北亞格外深刻。遠到蒙古帝國時代，日本兩場海戰擋下大元王朝艦隊入侵，從此蒙古帝國停止對外戰爭，征戰鐵蹄終於休息。近代的中日甲午戰爭改變了清帝國命運，加速衰亡速度，不久後的**日俄戰爭**正式讓日本進入世界列強地位，成為世界大戰的起點。二戰結束後的韓戰，不僅翻轉南韓和台灣的命運，也定調冷戰格局，形塑當前最複雜，也最具影響力的東北亞地緣關係。

名詞解說

日俄戰爭

日本和俄羅斯為了爭奪朝鮮半島以及中國東北地區所引發的地緣戰爭，主要戰場在遼東半島以及朝鮮半島的周邊海域。日本與俄羅斯在美國的調停下，最終簽訂《樸茨茅斯條約》結束日俄戰爭，並劃定朝鮮半島以及中國東北地區的勢力範圍。

不僅僅是單純的火藥庫，還是最猛烈那一種

算進美國在內，全世界軍事力排名前十的國家，有五個在東北亞，北韓雖然沒有入選，卻是少數擁有核武的國家，由此可知這裡不僅僅是單純的火藥庫，還是最猛烈的那一種。

隨著世界局勢轉向美中對抗大格局，東北亞火藥味也日漸濃厚，檯面上的軍事演習、飛彈試射不停，檯面下的諜報、權謀和各種利害糾葛也未曾稍停，「戰爭在這裡還未結束」並非誇飾，南北韓停戰協議早在二〇一三年就被北韓放棄，雙方在法理上依然處於戰爭狀態。

三十八度線是代理戰爭的前線，但戰線後方並非一片和諧。中國與俄羅斯暗自較勁，兩位狂人領導者都不願意聽命於人，同時還要小心北韓這把雙面刃；日本與南韓同為美國堅實的盟友，卻也是百年世仇，不僅戰爭遺恨難消，在科技與貿易戰場上也不斷角力。

台灣雖然在地理上更靠近東南亞，但在命運上與東北亞緊緊相繫，東北亞從古至今的每一個事件，都牽動著台灣命運轉動。

東北亞，擁有世上最繁華的美麗，也有與核戰最近的距離。

東北亞地緣政治歷史連走

文／柯筆辰

1 強權與他們的產地：東北亞

東北亞指的是亞洲大陸東北區域的大陸、半島和島嶼，這個區域雖然只有中國、日本、蒙古、北韓、南韓與俄羅斯六個國家，但其地緣關係的緊張與複雜程度卻堪稱「世界火藥庫」，因爲這個地區是各種怪物強權的誕生地。

人類歷史上疆域最大的蒙古帝國，在此誕生。歷史上能擋下拿破崙與希特勒兩大強人進犯的俄羅斯，當年也被蒙古鐵騎橫掃，一路殺到東歐的匈牙利。蒙古成爲東起日本海，西至多瑙河的超巨大帝國。

不過蒙古黃金帳的光榮並不持久，反而是當時兩度抵禦蒙古進攻的日本，成爲推動東北亞走向世界舞臺的要角。西元一八六八年日本展開「明治維新」，擺脫暮氣沉沉的武士封建制度，邁向三權分立的議會政治體，快速推動工業化，尤其在一九○五年日俄戰爭勝利後，一躍成爲現代化強權。

另一個大陸強權中國，也在一九一二年送走了最後一個帝制王朝，在接連不斷的內戰中，迎向東北亞再一次大戰：中日戰爭。一直尋找不凍港，試圖獲取東面出海口的俄羅斯，則在一九一七年爆發改變世界的「十月革命」，成爲共產極權國家，

名詞解說

明治維新

日本明治天皇繼位後，一八六八年宣布廢除德川幕府，天皇重新掌握政權，並且推動一系列現代化革新。當時的配套措施包括中央與地方制度改革、財政革新、文化教育與軍事外交變革等，以及聘請大量外籍專業人士進入政府，為日本奠定強國基礎。

二戰結束後，日本制定新憲法，雖保留君主制，但天皇已退為虛位元首，沒有政治實權。圖為代表戰後日本經濟突飛猛進年代的明仁天皇與美智子皇后。

推動世界走向兩強對立的新格局。

夾在中、日、俄三大強權中間，朝鮮半島無可避免走上悲劇命運。朝鮮在歷史上曾經是中國和蒙古帝國的屬國，後來又成了日本殖民地，最終在世界大戰後分裂成南北韓，即便如此，他們依然找到在強權中的生存之道。**北韓在經濟拮据的情況下，硬是發展出核子武器，成爲另類強權；南韓則在中國與美國之間周旋，創造強大經濟體，甚至成爲全球獨樹一格的軟實力大國。**

這就是東北亞，一個沒有弱者的超級擂臺，全球地緣政治最敏感的絕對前線。

2 東北能量場：強權爭奪的核心地帶

東北亞超級擂臺的第一個熱點就是中國的東北地區。

明治維新後，國力不斷上升的日本帝國，最大目標就是完成當年豐臣秀吉的未竟之功，將千年以來的東亞強權中國踩在腳下。俄羅斯帝國則不斷往東南推進，希望從衰敗的

清帝國手中，搶下不凍港和通向太平洋的穩定出口。**兩個強權在中國的交集，就是東北地區，也是清帝國的老家滿洲**。

清朝初年疆土初步確立後，清廷就將山海關外的滿洲地區列為「龍興之地」，禁止漢人進入，設立三大將軍治理，保持滿人傳統。沒想到在十九世紀中期，從北方南下的俄羅斯帝國步步進逼，迫使清朝割讓土地，並開放西方強國在此貿易。大清皇帝最想保護的龍興之地，一時之間成為了最洋派的東西交流之地，俄羅斯甚至在此修建「東清鐵路」，成為西伯利亞大鐵路的一部分，可以快速運送物資和軍隊。

日本則在一八九四年中日甲午戰爭後，先促使朝鮮半島脫離中國獨立，替日後西進爭搶滿洲鋪路，進而引發中、日、俄三方之間的地緣心機大戰。清政府原先認為日本不過是小小島國，因此靠攏俄羅斯勢力，想要聯合抗衡日本，想不到一九〇四年，信心滿滿的日本帝國軍隊直接攻擊俄羅斯軍艦，宣告開戰，日軍從朝鮮半島登陸後，成立「滿洲軍」，一路殺進滿洲，在海上則重創俄軍艦隊，迫使俄羅斯同意和談，讓日本順利取得滿洲南部統治權。

這時清朝光緒帝才大夢初醒，決定效法日本明治維新，企圖讓中國也能變身強權。然而革新不成，反而是幫日後的革命鋪了路，促使中華民國誕生。

以東北為終極目標的日俄戰爭，不只是一場區域型戰爭，它是日本帝國野心的起點，是蘇聯共產革命的導火線，也是改變人類歷史的「第二次世界大戰太平

名詞解說

龍興之地

王朝的發祥與奠基地。清帝國發祥於滿洲，入關統治中國後，為確保龍興之地根基，嚴禁漢人移民墾殖。一八六〇年，俄羅斯併吞外東北後，從同治帝到光緒帝年間，改實施移民實邊政策，一時間，形成漢人「闖關東」的浪潮，民間也開始出現各種長白山打狼、採獲千年人參精等膾炙人口的傳說。

洋戰場」的起點。事實上在二戰結束後，日本對外侵略所得的土地全都必須返還，就是從一九〇五年起算，而這一切都是為了東北亞的能量核心「滿洲」而起。

3 戰後民族主義與共產國際抬頭，東北亞國家多兩個

隨著日本軍國主義崛起，企圖實踐「大東亞共榮圈」的野心引發了太平洋戰爭。建國不久的中華民國採「空間換時間」的策略，戰線也從滿洲一路拖延、擴大到整個東亞，最後迫使美國參戰並投下兩顆原子彈才算終結日本的擴張之路，但東北亞的權力王座之爭並未落幕。

二戰之後，民族主義興起，殖民母國紛紛撤退，催生大量新興民主國家，在這宛如嬰兒潮的建國大浪裡，有一個小孩趁亂脫離了中國統治，那就是曾經統治全中國的蒙古。先後受俄羅斯和蘇聯支持的蒙古獨立運動，藉著二次大戰末期的局勢，成為蘇聯承諾對日宣戰的條件，成功換取盟軍承認蒙古的主權。又在二戰後國共內戰期間故技重施，以承認蒙古獨立，換取蘇聯不干涉東北

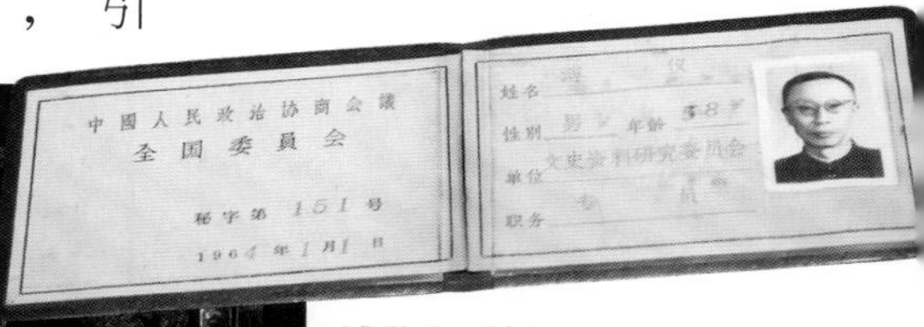

溥儀晚景淒涼，雖曾以特邀人士身分列席中國人民政治協商會議全國委員會，但他的工作是文化歷史資料研究委員會專員。圖為溥儀的工作證件。

二戰前，日本曾在東北扶植大清末代皇帝溥儀，並成立滿洲國，將東北納入囊中。圖為展出中的溥儀照片與婉容皇后。

與新疆的談判籌碼，讓蒙古再度以主權國家的姿態，回到東北亞舞臺上。

蘇聯主導的「共產國際」，在這一波建國浪潮裡，「業績」蒸蒸日上，最直接的例子之一就是從滿洲延伸過去的朝鮮半島。一九四五年二戰結束時，蘇聯軍隊已經控制了朝鮮半島北部，與美軍控制的南部隔著北緯三十八度線對峙，名爲盟軍，實爲頭號假想敵。

命運乖舛的朝鮮半島在美蘇兩國協議後，差點要交給聯合國託管，好不容易擺脫日本帝國統治的朝鮮半島說什麼也不願意，聯合國於是提議進行總統大選，成立一個聯合、統一的獨立政府，不過朝鮮半島南北兩個盟軍託管政府對於選舉地點跟候選人都沒有共識，最後各自選出了執政者，互不承認對方，因而有了北方的朝鮮民主主義人民共和國，和南方的大韓民國，東北亞於是又多了一個國家。

至此，現代東北亞擂臺的主要選手全員到齊，可以概分爲紅色角落的蘇聯、中國、北韓與蒙古，以及藍色角落的日本與南韓。這個看似不太平衡的競爭，無可避免地導致韓戰爆發，讓世界歷史再次轉了一個彎。

4 韓戰爆發，美國加入東北亞大局

傾斜的天平終將迎來震盪，二次世界大戰後美國反戰情緒升溫，又因爲中國

名詞解說

共產國際 (Communist International)

由俄羅斯革命家列寧所領導成立的共產組織，總部設於莫斯科，主要以宣傳世界革命為宗旨，目標在赤化全球，又稱為「赤色國際」或「紅色國際」。共產國際曾扶植中國、日本、東南亞、古巴等國家發展共產黨勢力，成為冷戰相互對抗的國際社會基底氣氛。

共產黨擊敗國民黨軍隊後情勢底定，美國的首要目標於是設定在重建日本，大東亞地區的爛攤子美國人不想插手太多，別忘了其實一開始美國就沒有想打太平洋戰爭這場仗，首要戰略目標一直都放在歐洲。**對當時的美國來說，國民黨退守的台灣，還有意見很多的南韓，都不是必要的戰略夥伴，乃是可以拋下的棋子。**

一九四九年，美蘇雙方都從朝鮮半島撤軍，原以爲各退一步能夠海闊天空，卻沒料到在中國內戰勝利後，共產國際的自信心高漲，史達林、金日成與毛澤東三位共產領導人早已經在謀劃攻打台灣和南韓，各自完成統一大業，中國甚至運送三個師的朝鮮族部隊到北韓，作爲進攻利器。

另一方面美國則一直限制提供給南韓武器，避免當時態度激進的南韓政府主動進攻，這和當時美國對台的策略如出一轍。

這一來一往之間使得南北韓軍事力量落差急速擴大，就在美軍退出南韓一年後，北韓人民軍拿著中

二戰後，共產國際一路南下，先是赤化中國，緊接著引爆韓戰。圖為北京天安門廣場武警正在站崗，背後掛著巨大毛澤東肖像。

國和蘇聯提供的武器越過北緯三十八度線進攻，南韓節節潰敗，開戰三個月只剩下南部的釜山還沒淪陷，美國政府這才意識到他們錯估了中、蘇、北韓的野心。

美軍爲主的聯合國部隊參戰後，戰事很快逆轉，甚至反攻北韓首都平壤，聯合國也發表決議要讓朝鮮半島統一。眼看局勢危急，毛澤東決定出兵援助北韓，雙方死傷慘重，約有數十萬士兵喪生，最終在一九五三年正式停戰，維持三十八度軍事分界線直到現在。

值得一提的是，美軍重返朝鮮半島後，也派出第七艦隊協防台灣，從這一刻開始改寫了之後七十年的歷史，台灣與南韓成爲冷戰對抗的最前線。負責韓戰的指揮官麥克阿瑟，甚至提出進攻中國沿海的計畫，以確保朝鮮半島戰場勝利，但還是不敵杜魯門總統不想擴大戰事的想法，最終麥帥被拔官，南北韓雙方回到分裂的原點。

爲期三年的韓戰，是冷戰體系下的首次正面衝突，也是最接近第三次世界大戰的一場戰役，更是國民黨最接近「反攻大陸」夢想的機會，也讓南北韓差點就要統一，雖然這些都沒有實現，但卻讓美國老大哥正視與中國的關係，而開始構思太平洋島鏈防禦體系。

名詞解說

北緯三十八度線 (Military Demarcation Line)

又稱「南北韓軍事分界線」，在一九五三年韓戰結束後，交戰國在位於北緯三十八度線的板門店簽訂《朝鮮停戰協定》，沿著朝鮮半島北緯三十八度線劃定一條軍事分界線，並且在該線南北側建立南北韓非軍事區作為緩衝，這也是全球罕見的人為緩衝地帶，在冷戰期間只有柏林圍牆可堪比擬。

5 美日安保與美韓同盟：第一島鏈成形

中國與蘇聯在韓戰時密切合作，甚至不惜出兵「抗美援朝」，讓美國徹底改變戰略思維，美軍確認了東北亞地區的戰略意義不僅止於日本，也必須將朝鮮半島涵蓋在內。

一九五三年夏季韓戰結束後，美國就與南韓在十月簽訂《美韓共同防禦條約》，約定美韓任何一方在亞太地區遭受攻擊時，都要互相提供軍事援助，並留下七萬名以上美軍駐守南韓，至今都還扮演著美軍在東北亞最前線主力。

和朝鮮半島僅有一海峽之隔的日本，則是在二戰結束後，與美國簽訂《舊美日安保條約》。這是確保日本政府能夠取回完整主權，同時又接受美軍監管的特殊合約。**韓戰結束後，這項條約在一九六〇年修正爲現行的《新美日安保條約》，確立了太平洋上血戰的美日兩國，從此成爲最強大的軍事與經濟夥伴，也替日本經濟快速復甦鋪平道路。**

美國強勢軍力介入後，雖然定調了東北亞的冷戰格局，但即使是老大哥，對於日韓之間的歷史舊恨也難

韓戰交戰國在簽署《朝鮮停戰協定》後，軍事停戰委員會在北緯三十八度線板門店開會。

以調解。儘管二戰結束已將近八十年，眼前還有北韓這個共同敵人，日韓在美國主導下依然還會爲戰罪和慰安婦問題鬧翻，別忘了這裡是只有強者的東北亞超級擂臺，錯雜的地緣政治關係，並非單純的三角關係，而是不斷演變的六角博弈。

6 戰後經濟奇蹟：一個東北亞，兩個貧富世界

當歐洲拉起圍堵共產主義擴散的鐵幕時，東亞建立以日本、南韓爲北端起點、一路往南延伸的太平洋島鏈防線，封鎖蘇聯與中國向外發展。與歐洲的北約盟友相比，日韓兩國經濟狀況相對不樂觀，日本剛經歷大規模轟炸與原子彈攻擊，南韓則是先被北韓軍隊攻破漢城（首爾），後又遭盟軍反攻再打回來整個蹂躪一遍，日韓兩國的基礎建設顯得殘破不堪。

爲了保障日韓兩個前線基地運作正常，美國提供大量援助物資，直接降低了日韓國防預算壓力，讓兩國資本得以全力投入工業與技術發展。另外，美軍大批進駐，更帶來附加的消費需求，讓民間交易市場暢旺。

一九四五年，二次大戰結束時，日本人均GDP倒退了三十年，但是在美援、電力工業和制度革新等動力下，日本經濟在一九五六年就回到戰前水準，這段被稱爲「神武景氣」的高速成長期，也確立了日本「家電三寶」電視、冰箱、洗衣機在世界上的領導地位。

名詞解說

《新美日安保條約》(Treaty of Mutual Cooperation and Security between the United States and Japan)
全稱「美日互助安全保障條約」，為美國與日本於一九六〇年在華盛頓簽訂的安全互助條約。條約宣示美日兩國共同維持與發展武力，以抵禦外國勢力侵略，而將其中一國受到攻擊認定為另一國也受到危害，美軍也依此進駐日本，強化冷戰時期的美日關係。

人均GDP（GDP per capita）
又稱為人均國內生產毛額，為一種經濟指標，計算方式是將一個國家的生產總額除以國內人口數得出來的平均值，經濟學家通常會透過人均GDP衡量國家的經濟成長與繁榮程度。

這個強大的經濟動能，讓東京成功申辦一九六四年奧運會，此時距離廣島原子彈還不到二十年的時間，可見日本國力成長速度有多麼驚人。隨後，日本政府又發行戰後首次的國債，推升產業進化。到一九七〇年間，「新三寶」汽車、冷氣、彩色電視機再度成爲日本經濟核心，此時日本人均ＧＤＰ已經追平英國，國內生產總額則超越西德，成爲全球第二大經濟體，被稱爲「戰後經濟奇蹟」，一點也不爲過。一九八三年，東京迪士尼樂園正式開幕，更展現出日本社會的消費力與國際觀光吸引力。

南韓不像日本在戰前就有強大的工業與技術基礎，韓戰結束後，在美國與聯合國援助下，開始發展勞力密集的加工出口產業，一九六〇年實施第一個五年計畫，帶動經濟高速成長；到一九八〇年時，ＧＤＰ已經成長十五倍，被稱爲「漢江奇蹟」，奠定了一九八八年申辦奧運的成功基礎，與台灣、香港、新加坡並列爲「亞洲四小龍」。

反觀，島鏈防線的西側，卻是另一個世界。

東京迪士尼是亞洲第一個迪士尼樂園，象徵日本在亞洲的國力與消費力領先程度。

中國在韓戰結束後發動「大躍進」失敗，陷入三年大饑荒。之後又發生「文化大革命」，經濟建設幾乎停擺二十年。位處三十八度最前線的北韓，接受蘇聯經濟援助，在韓戰結束後推動大型國家建設。

或許現在看來難以相信，在一九七〇年以前，北韓的人均GDP甚至還比南韓還高；從這個背景來看，一九六二年北韓開始建設核子反應爐，就不那麼奇怪了。**然而，在社會主義制度與大量軍事預算的消耗下，北韓並未獲得「平壤奇蹟」，反而在蘇聯解體後，陷入更艱困的處境，只好挺而走險，踏上「黑化」道路。**

名詞解說

《核武禁擴條約》(Treaty on the Non-Proliferation of Nuclear Weapons)

一九六八年由多國所簽訂的國際條約，又稱為《不擴散核武條約》，目標是防止核子武器與技術擴散，透過國際合作方式，實現核武裁軍的目標。

7 我的鄰居爲何會這樣？那些年北韓做過的瘋狂事

當南韓運用出口產業傑出的果實，培育起三星、LG和現代等大型企業，進而**邁入科技大國時，北韓卻選擇榨乾僅有的一切資源，全力開發一項科技：核武。**

如同南韓評估自己在國際上的優勢，而發展勞力密集加工出口產業，北韓也評估過他們的優勢：首都平壤周遭就有鈾礦，規模雖然不大，卻足以製作核彈頭，並且易於由軍隊直接保護。

在美蘇兩大強權的眼皮底下發展核武絕非易事，這一點台灣人應該再清楚不過。一向態度強硬的北韓其實動用了不少靈活的外交手段，才一步步創造出有利

局面。

一九六〇年代就開始建設核子反應爐的北韓，在一九八五年加入**《核武禁擴條約》**，向國際輸誠，隨後也同意簽訂《朝鮮半島無核化協議》。北韓之所以如此積極「反核」，是因爲他們知道當時的南韓政府在反美派掌政下，也開始研發核武。北韓的經濟、技術與外交都不如南韓，此時提出「自廢武功」的提議，成功讓南韓與美國放下戒心。

不過，當美國與國際原能署發現北韓仍偷偷在研發、並已具備核武能量後，北韓轉而開始利用「放棄核武」爲外交籌碼，與美國周旋。一九九四年，美國與北韓簽訂《朝鮮半島能源發展組織架構》協議，以拆除反應爐爲條件，換取經濟與能源補助。此後，北韓不斷拖延廢核進度，當美國考慮動武時，就發起中國、蘇聯共同外交協商，讓朝鮮核問題始終無解，直到二〇〇六年全世界才知道北韓暗地裡的把戲。**北韓先在七月無預警試射導彈，落入日本海，接著又在十月進行第一次核彈試爆震驚世界，成爲目前全球最後一個取得核武的國家，其擁有的核彈頭數量也是核武國家中最少的，但卻也是最敏感的。**

北韓核彈試爆成功後，遭到聯合國經濟制裁。北韓先是以第二次核子試爆回應，隨後追加更多的飛彈試射，藉此要求解除制裁並提供經濟援助。二〇一三年，**北韓再度試爆核彈，隨後宣布朝鮮停戰協議無**

金正日（右）與金正恩（左）兩位北韓狂人父子戮力發展核武，把地緣政治發牌權主動握在手裡。

效，進入準戰爭狀態，之後更表態，北韓隨時可以發射核導彈，若朝鮮半島發生戰爭，就一定是核子戰爭。

雖然行徑流氓，但效果十分顯著。時至今日儘管美日韓聯軍擁有絕對優勢的科技與武力，也不敢輕易對北韓發動攻勢，甚至連「斬首行動」都有所顧忌，因為只要有千分之一的機會讓北韓察覺意圖，很可能就要付出數千萬人命的代價。

8 看得見的共產陣營，看不清的內部矛盾

作為北韓的後盾，中國與蘇聯原本應該是堅強的盟友，然而在史達林過世後，蘇聯開始「去史達林化」的政治翻轉，讓老戰友毛澤東相當不滿，兩國關係在一連串事件後嚴重破裂，毛澤東稱蘇聯是共產主義叛徒，蘇聯則大動作批判毛澤東與文化大革命，最終導致一九六九年「珍寶島事件」軍事衝突，中蘇一度逼近開戰邊緣。

美國把握機會進行分化，一九七二年美國總統尼克森親自拜訪中國，隨後中國與英國、日本、德國建立邦交，原本猛烈批評蘇聯「修正主義」的毛澤東，卻在文化大革命尾聲轉向和資本主義陣營交朋友，東北亞地緣政治之詭譎多變，在此獲得映證。

冷戰初期，蘇聯空軍運用其航太科技優勢，經常派遣高空戰機聯隊，飛越第

名詞解說

東京急行（Tokyo Express）

冷戰時期，蘇聯轟炸機多次進入日本防空識別區，旨在侵擾領空、震懾日本，美日兩國多次派出戰鬥機攔截；直到一九七六年日方才確認蘇聯是有計畫地進行該行動，並將之名為「東京急行」。近年，中國軍機繞行台灣巡航也是採用與「東京急行」類似的軍事概念。

中俄關係外弛內張，歷史翻轉，中國逐步脫離老大哥俄羅斯掌控後，改以經濟實力反攻俄羅斯。中國遊客喜歡到中俄邊境的都市觀光，海參崴一年一度的老虎節即為熱門重頭戲。

一島鏈，甚至侵犯日本領空，而被日本稱爲「東京急行」任務。在中蘇交惡之後，「東京急行」的範圍也開始擴張到中國沿海，甚至進入台灣海峽，就是爲了威嚇中國。

在蘇聯解體後，中國也早已推動改革開放，雙方終於放下意識形態鬥爭，重建盟友關係，但新的矛盾仍持續增長。**俄羅斯在經濟上逐漸被中國超越，昔日的老大哥如今只能勉強搭上中國的肩，和二十世紀初俄羅斯入侵中國相反，到了二〇一〇年代後，中國正在用經濟入侵俄羅斯。**據ＢＢＣ調查統計，中國不斷鼓勵移民前往俄羅斯遠東地區，目前中國人在此地區參與經營的土地已經接近五分之一，俄羅斯的民調顯示，有一半民衆認爲中國已經威脅到**俄羅斯領土的完整性**。

在中蘇矛盾中，**北韓選擇了發展核武的流氓路線，核彈在手，天下我有，普丁或習近平也無法動搖**。另一個**夾在強權之間的蒙古共和國，則走上更爲和平的道路**。

從建國之後，蒙古一直受蘇聯指導，轉型爲議會制度後，經濟上依然高度依賴中國和俄羅斯，然而曾經逐水草而居的蒙古人，也在東北亞地緣大亂鬥中找到新的水

草。在俄羅斯入侵烏克蘭後，蒙古成爲西方國家積極拉攏的對象，法國總統馬克宏首度訪問蒙古，蒙古總理則隨後拜訪美國白宮，並聲稱雙方是擁有共同利益的「戰略性第三鄰國」。這微妙的新外交關係，觸動了中俄蒙的敏感神經，也提醒國際，別忘了東北亞的六角關係。

9 亞洲金融風暴vs中國特色的社會主義道路

日本與南韓經歷過高速經濟成長後，在一九九〇年代迎來修正。日本對美國的貿易順差在一九八〇年代不僅巨大，而且持續擴大。美國苦於美元匯率過高、國內通膨和石油危機的影響，開始對日本施加壓力，要求升值日圓以維持雙方關係。

從一九八五年開始，美元對日圓匯率在三年內貶值了五十％，日圓升值吃掉了出口產業的獲利，同時帶給國際投資客巨大誘因，熱錢高速湧入，讓日本的股價和房價不斷升高，遠遠超越GDP成長速度。經濟泡沫越吹越大，日本政府不得不在一九八九年開始緊縮貨幣，戳破泡沫，股價與地價也因此在短期內暴跌一半，銀行充滿壞帳，日本陷入十幾年的經濟衰退期。

中國則在毛澤東過世、鄧小平上台後推動「改革開放」，有限度地引入市場經濟模式，在經濟特區建設勞力密集加工出口產業，慢慢與世界經濟接軌。這種

名詞解說

外匯存底 (foreign exchange reserves)

一個國家或經濟體的中央銀行持有隨時可兌現他國貨幣的資產，有平衡國際收支和穩定匯率的效果。通常外匯總資產包括現鈔、黃金、國外政府公債、國債等。

仰賴低匯率、高勞力、高出口的產業形態，早已在南韓、台灣、泰國、印尼等國帶來成效，當中國巨大的低價勞工踏上這個跑道時，產品與中國高度重疊的其他國家，就開始面臨危機。

在一九九〇年代的南韓，處於投資什麼都會賺錢的年代，投資占GDP總額三成以上，泰國和馬來西亞則逼近四成。然而這些產業並沒有眞正賺到錢，因爲許多生產力都開始向中國轉移，熱錢前腳進來、後腳離開，只留下一堆難以償還的貸款，和賣不出去的商品。

一九九六年時，南韓的短期外債已經達到外匯存底的兩倍以上。巨大經濟泡沫在一九九七年破滅，外資大量抽走資本，在沒有外匯存底支撐下，韓元只好棄守錨定匯率，結果導致對美元匯率在幾個月內大跌過半，貶值的韓元讓他們更難以償還外債，南韓政府甚至得向民衆請求捐出黃金來拯救國家。

這場金融風暴讓受影響的國家執政者幾乎全部下台，俄羅斯總理葉爾欽的經濟改革也因而陷入危機，在一九九九年宣布辭職，讓俄羅斯進入普丁時代。此時，改革開放後的中國藉著亞洲經濟局勢大亂而崛起，中國東北地區重回核心位置，眞正擔負起毛澤東口中「共和國長子」的角色，成爲中國工業發展先驅。

可以說，亞洲金融風暴抑制了東亞地區快速成長的經濟奇蹟，給了

鄧小平施行改革開放政策，中國在亞洲金融風暴期間，經濟發展趁勢追上周邊國家，也奠定今日霸權地位。圖為上海外灘銀行外廣場，擺著象徵牛市的雕像。

中國縮小差距進而超車的機會，鄧小平首創的「中國特色社會主義」也因此奠定成功基礎，改變了接下來的世界格局。

10 日韓大展軟硬實力：全球哈日、哈韓

日本經濟泡沫破滅後，進入了長時間的成長停滯，二十世紀的最後十年被稱爲「失落的十年」，後來又被延伸爲「失落的三十年」，儘管政府與企業不斷努力，但也無法抵抗全球經濟十年一次大海嘯的循環。二〇二〇年後，經過**「達康泡沫」**、金融海嘯，再到新冠疫情，日本一直無法找回高速成長的景氣。

原本日本是僅次於美國的全球第二大經濟體，二〇一〇年卻被中國超越，二〇二三年再被德國擠下一名。

在硬實力方面，日本雖然沒有爆發性成長，但強大的技術基礎建立起核心堡壘，豐田、索尼、松下、三菱等品牌依然維持著工業新三寶的領導地位，在汽車、高科技、顯示器與精密儀器領域始終保有競爭力。

同時，日本的軟實力更是無遠弗屆的稱霸全球，從傑尼斯到新垣結衣，從七龍珠到航海王，從忍者到歌舞伎，從章魚燒到懷石料理，日本的文化財在傳統與創新的平衡之間，找出了獨步全球的道路。

名詞解說

達康泡沫（dot-com bubble）

發生於一九九五至二〇〇一年間的資訊科技及網際網路的企業投機泡沫事件。又稱「網際網路泡沫」或「.com泡沫」。當時重挫全球發展快速的網路科技業，破產的知名國際企業包括 360Networks、Boo.com、eToys等。當時台股受此風暴影響，曾從二〇〇〇年年初的萬點，一路暴跌，到二〇〇〇年下半年只剩四多千點，市值蒸發超過一半。

韓流魅力席捲全球，男子團體防彈少年團（BTS）從 2017 年起，連續多屆在美國告示牌音樂獎上斬獲大獎，為亞洲流行音樂界立下空前紀錄。

一向試圖與日本互相競爭的南韓，在金融風暴後形成了巨型財團的經濟形態，三星、現代、SK、LG與樂天這五大企業，占國民生產總額的五十%至七十%，高度集中的資本讓南韓發展出強大的汽車、手機和半導體產業，和日本企業互別苗頭。

不過，軟實力方面南韓卻遠遠不及日本多樣而豐富。直到兩千年初期，南韓娛樂產業跟亞洲其他國家相同，都在追逐日本的尾巴。

亞洲金融風暴後，南韓付出慘痛代價，學到一個寶貴教訓：要在全球競爭中勝出，必須要成爲打破框架的規則制定者。他們發現紅遍全球的電影《侏羅紀公園》票房總額，等同半個現代汽車的營業額，一九九八年上任的總統金大中將文化產業視爲突破金融風暴困境的機會，立法規定文化觀光預算不得低於國家總預算一%，全力發展影視、音樂、遊戲產業，設立文化內容振興院。

這個成效以驚人的速度獲得回報。韓劇所帶動的「韓流」攻勢，火速席捲亞洲，連帶讓歌曲、電影、偶像、食物、醫美、觀光產業雨露均霑，短短二十年，南韓文化產業已經達成日本未能達成的多項成就。電影《寄生上流》成爲奧斯卡史

上第一個拿到最佳影片的外語片，男子團體防彈少年團（BTS）和女子團體BLACKPINK接連締造亞洲音樂界紀錄，韓劇《魷魚遊戲》成爲Netflix史上觀看次數最高影集。**距離南韓要向台灣買劇本權利，南韓藝人來台灣上綜藝節目僅僅二十餘年，在軟實力方面，南韓的文化振興絕對稱得上是新的漢江奇蹟。**

11 川普的和平獎美夢，化爲戰雲密布

就在韓劇《愛的迫降》首播半年前，長年無解的北韓核問題也迎來變局。美國總統川普在二〇一八年首度突破困境，在新加坡與北韓領導人金正恩會面，成爲韓戰結束六十五年來，交戰雙方領導人第一次會面。

這次破冰之旅替朝鮮半島帶來和平與無核化的曙光，川普也因此獲得當年的諾貝爾和平獎提名。隔年川普更跨越三十八度線，成爲第一位踏上北韓領土的美國總統，帶給朝鮮半島和平美夢。

快速回暖的朝鮮半島關係很快被現實痛擊，象徵性的會面與兩位領導人間的友誼，並不足以滿足兩國各自的要求，北韓希望分階段放棄核武設施，並且要有實質的解除制裁行動，美國與聯合國則要求一次全部解除核武，才能討論解禁。延宕數月之後，隨著川普在國內的政治壓力增加，可能無法連任，北韓最終拒絕繼續協商，連南北韓之間的高峰會也就此中斷。

名詞解說

戰狼式外交

自習近平執政以來，中國對外推行具挑釁性的強硬外交政策，外交官與政府領導人發表一系列攻擊性言論，猶如戰狼一般，鼓舞了中國國內的民族情緒，但也讓國際社會產生負面印象，開始提防中國。

二〇二二年，政治立場「親美抗中」的南韓新任總統尹錫悅就職。從他宣布參選後，北韓就重新開始了中斷四年的飛彈試射活動，尹錫悅更強硬表態將會部署新的飛彈防禦系統，並進一步加強韓美日聯盟關係，再度讓朝鮮半島戰雲密布。

川普積極協商，習近平也沒閒著，中國絕不希望朝鮮半島是在美國與南韓的主導下邁向和平統一，而且同樣是韓戰參戰國，若要簽訂和約，也必然要有中國簽字才行。雖然習近平掌權後，中國對西方國家採取強硬的「戰狼式外交」，但面對北韓這樣的國家，習近平也有所顧忌，畢竟這位鄰居瘋起來連自己人都會怕。**中國希望朝鮮半島走向「雙暫停」策略，北韓暫停核武和飛彈試驗，美日韓則暫停聯合軍演，這樣的和平倡議對中國最爲有利。**

川普和習近平兩大強人的美夢都沒有實現，北韓公開推進核武進程，甚至將動用核武寫入法律；南韓與美國則簽訂《核威懾指引》，確保美國會使用包含核武在內的所有軍力，反制北韓發起的核武攻擊。

12 東北亞地緣政治來到重塑關鍵期

二〇二二年，俄羅斯入侵烏克蘭，替東北亞敲響新一輪賽局響鈴。南韓會選出親美派總統尹錫悅，也和烏俄戰爭有關，南韓擔心自己成爲俄羅斯和北韓入侵的目標，轉而與美國日本緊密結盟，同時對烏克蘭提供人道援

2018 年川普與金正恩在新加坡的會面，曾為朝鮮半島的和平帶來一線曙光，全球媒體以頭條新聞報導，但曙光稍現即滅。

助，對俄羅斯進行經濟制裁，充分展現其立場。

北韓則吸取到不同角度的教訓，特別是在烏克蘭放棄核武後遭受俄軍入侵的命運，讓北韓更加緊抱核彈頭，同時他們也發現，軍事大國的傳統戰力在當代「非對稱」戰爭形態中的效益下降，也讓北韓軍方更積極試射飛彈，並發動外交威脅。

戰事超乎預期的延宕，加上國際經濟制裁與外交孤立，讓俄羅斯更加重視東北亞盟國關係在長達兩年的制裁裡，中國和北韓成為俄羅斯突破封鎖的重要夥伴，三方關係更加緊密。

態度微妙的蒙古，近年來積極向美國與歐盟國家示好。俄羅斯可沒忘記這位盟友，頭上還懸著國際刑事法院戰爭罪通緝的普丁，刻意親自飛往國際刑事法院成員國的蒙古，向世界宣告國際刑事法在俄蒙關係之間毫無立足之地，並凸顯俄羅斯對蒙古的重視。

日本和南韓一樣積極應對新局勢，早在二〇一五年日本就通過《新安保法》修正案，讓自衛隊可以有條件解禁，出兵反擊，以因應不斷擴張的中國軍事威脅，現在再度成立統合作戰司令部，甚至準備派駐軍隊到美國共同訓練。日本在俄烏戰後取消原本的國防預算上限，連續兩年破紀錄增加軍費，備戰東亞態勢明顯。

中國一方面表態支持俄羅斯，一方面又不想和主要貿易對象美國、歐盟撕破臉，試圖用模糊態度來緩解對中國的不利影響。然而作為俄羅斯最主要盟友，中

名詞解說

《海參崴協議》

二〇二三年，中國與俄羅斯在海參崴簽訂協議，俄羅斯允諾中國使用海參崴港，作為中國內貿貨物跨境運輸的中轉口岸。中國也據此得到東北亞出海口，影響整個東北亞地緣政經戰略走勢。這也是俄羅斯在時隔一百六十多年後，對中國開放樞紐港口。

俄羅斯入侵烏克蘭後，東北亞地緣政治來到新一輪盤整點，各國領導人互動更加密切。2023 年在立陶宛舉行的北約峰會上，日本首相岸田文雄與美國總統拜登互動密切。

國也趁機賺了便宜。二〇二三年，中俄簽訂《**海參崴協議**》，讓這座俄羅斯遠東最重要港口城市，也是「中國固有領土」開放給中國國內貿易使用，是兩國繼黑龍江跨境大橋和西伯利亞天然氣管道後，再一次深化的經濟合作，顯示俄羅斯在戰爭泥沼中，日益依賴中國的新現實。

不僅如此，海參崴地處中國、北韓和俄羅斯邊界，是深水不凍港，一直是俄羅斯太平洋艦隊總部，為了對抗美日韓聯合軍演，中俄也展開以海參崴為中心的遠洋軍事巡演，直到阿拉斯加外海。**中俄北韓對抗美日南韓的局勢，隨著南北韓談派破裂、烏俄戰爭發展越來越明顯，東北亞地緣政治關係也迎來關鍵重塑期。**

13 東北亞未來格局：世紀狂人俱樂部 vs 鏈實力陣營

如果說二十世紀時的巴爾幹半島是世界火藥庫，那麼二十一世紀的東北亞不僅是火藥庫，甚至核彈庫。在這座超級擂臺上的六個國家裡，就有三個擁有核武，日本和南韓雖然沒有核武，但美軍核威懾能力也迂迴透過駐軍展現出來。

這個錯綜複雜的六角關係裡，已從過去的冷戰二極對抗，轉化地緣政治史上前有位有的新局面。

關係的一邊是由三位專制統治者領導的狂人俱樂部，俄羅斯總統普丁大膽出兵烏克蘭，直接跟半個世界爲敵，波及全球糧食與能源供應。中國國家主席習近平打破鄧小平以降中國領導人不連任兩屆的默契，加速推動戰狼外交，讓「一帶一路」的參與國紛紛掉入債務陷阱，最慘烈者必須讓渡主權給中國。北韓領導人金正恩則不顧一切擁抱核武，把核武寫入國家憲法，堪稱本世紀最狂的狂人。

這三位狂人也面臨共同的處境，亦即美國主導的經濟抗衡。北韓遭經濟封鎖最久；俄羅斯入侵烏克蘭後也被施以貿易和金融禁令；中國雖仍是世界工廠，貿易網絡綿密，但一波接一波的中美貿易戰，讓她經濟成長受挫，外資供應鏈出逃，甚至中資企業也低調遷移海外布局。三位狂人眼前是一條又一條的政治經濟與軍事鎖鏈，捆鎖了他們的英雄路。

第一條鎖鏈表現在政治價值觀上。從美國、日本、南韓延伸到台灣、印度和歐洲北約成員國，全部都是民主國家。民主鏈包圍了三位威權狂人，形成由外而內的政治壓力，導致他們對邊界地帶的政治風向極端敏感，香港、新疆、烏克蘭和白俄羅斯因而面對更爲高壓的統治，猶如繃到極緊的琴絃，可能一觸即斷。

第二條鎖鏈表現在軍事上。西太平洋的三條島鏈，試圖封鎖中國和俄羅斯通往太平洋的必經之路；在南方與西南方則有東協和印度，搖擺不定間，保持戒慎

名詞解說

晶片四方聯盟（Chip 4）

由美國、台灣、日本及南韓四國組成的非正式國際同盟，目的在強化民主陣營的全球半導體產業供應鏈及戰略布局。此舉讓全球晶片供應鏈分裂成兩半，成為中美貿易戰最重要的高科技產業較量。

恐懼：在西邊則由歐盟的北約成員擋住俄羅斯往黑海與地中海的發展。

第三條鎖鏈表現在經濟上。美、日、韓、台、印度與歐盟聯手搭起的「供應鏈」同盟，在全球競相發展人工智慧技術時，封鎖中國取得先進半導體和相關製造設備的機會，**晶片四方聯盟（Chip 4）**就是最顯著的例子，島鏈、供應鏈、民主鏈，環環相扣。

中國一直意圖以政府扶植的電動車產業翻轉歐日的汽車霸權，把「電池」推展成新世紀石油，但歐美一方面祭出高關稅對抗，一方面限制廠商使用中國電池；經濟戰場也延伸到人形機器人領域，民主陣營處處壓制中國新產業崛起的可能。

儘管大格局維持在美中兩強對抗的基礎框架下，東北亞關係仍然無法簡單一刀切分。南北韓關係猶如生死大敵，但別忘了不久前，他們破冰時感情回溫速度之快，也讓世界看傻了眼。

從十九世紀以來，東北亞就是國際關係的核心角鬥場，歷經兩次世界大戰和冷戰洗禮後，這座超級擂臺的衝突不僅沒有淡化，反而更加激烈，一場選舉、一次遊行、一顆子彈或是一枚導彈，都可能是改寫人類歷史的蝴蝶翅膀。

東北亞戰和走索，它在衝突中主導全球地緣走勢，距離戰爭與美麗一樣近，也一樣遠。

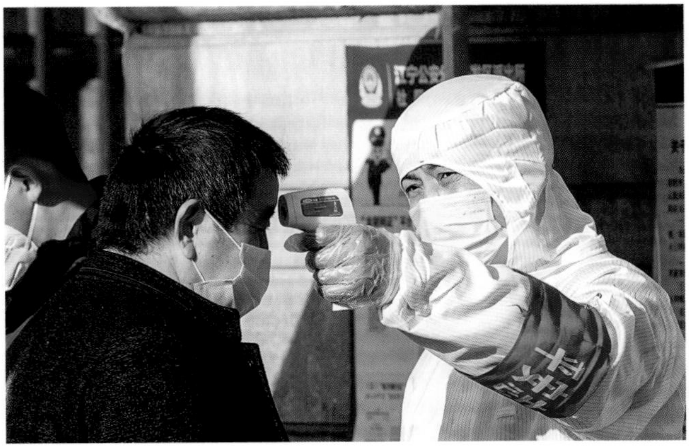

中國在新冠疫情期間大舉封控，導致工廠停擺、外商出逃，加速各國與中國斷鏈速度。

東北亞地緣政治戰略史一覽

（西元年）

時間	事件
1274	**第一次元日戰爭** 人類史上版圖最巨大的蒙古帝國，疆域遠達中國南方至東歐，與屬國高麗聯合派遣海軍出征日本失利，史稱「文永之役」。
1281	**第二次元日戰爭** 蒙古再度派遣上千艘戰艦，從長江、朝鮮兩路出兵進攻日本九州，卻遭遇颱風襲擊，蒙古艦隊只剩下十分之一兵力，再度以失敗告終，史稱「弘安之役」。
1368	**明朝建立** 朱元璋領導漢人起義推翻蒙古統治，建立明朝，蒙古帝國旗下各大汗國與屬國陸續瓦解，蒙古人退居蒙古高原。
1592	**萬曆朝鮮戰爭** 日本戰國時代霸者豐臣秀吉發兵入侵朝鮮，引起中國明朝和朝鮮李氏王朝聯軍反擊，歷時六年後戰敗，日本稱「文祿．慶長之役」，朝鮮稱「壬辰倭亂」與「丁酉再亂」。
1636	**清朝建立** 中國東北出身的女真族建立清國，出兵攻打明朝屬國朝鮮，迫使朝鮮投降，成為清朝屬國。
1853	**黑船來襲** 美國海軍戰艦強行駛入江戶灣，強迫日本終止鎖國狀態，簽訂貿易協定，這次「黑船事件」被視為日本近代改革的起點。
1868	**明治維新** 日本明治天皇頒布「王政復古大號令」與幕府將軍破裂，王政奉還後開啓明治維新一系列改革，迅速成為軍事與經濟強權。
1875	**江華島事件** 日本軍艦以補充物資為由，突然登陸朝鮮江華島，引發守軍反擊，日本猛攻朝鮮迫使投降後，簽訂《江華島條約》雙方互相承認為獨立自主國家，朝鮮開放貿易權給日本。
1894	**東學黨起義** 朝鮮爆發號召「反日」的東學黨起義，朝鮮政府向中國求援平亂，引起日本反抗，衝突於是擴大為中日戰爭，中國「北洋艦隊」全軍覆沒。
1895	**中日馬關條約** 中日簽署《馬關條約》，中國割讓遼東半島、台灣與澎湖群島給予日本，並承認朝鮮獨立。
1896	**三國干涉還遼** 俄國邀法、德兩國出面干涉逼迫日本歸還遼東半島，轉而要求中國開放「租借」旅順、大連兩港口給俄國，開啓列強瓜分中國的局勢。
1904	**日俄戰爭** 日本與俄國為了爭奪在滿洲的利益正式開戰，明治維新後的日本擊敗俄國確立了列強地位，鞏固日本在中國東北統治地位，間接促使俄國革命爆發。

1910	**日韓合併**	日本迫使朝鮮簽訂《日韓合併條約》，正式併吞朝鮮，設立朝鮮總督府，一直到二戰結束。
1912	**中華民國建立**	中國革命推翻清政府，成立中華民國，是亞洲第一個民主共和國，然而孫中山就任臨時大總統不到兩個月，就交棒給袁世凱，隨後接連發生「袁氏稱帝」、「溥儀復辟」事件。
1917	**俄國十月革命**	俄羅斯爆發「十月革命」，成立社會主義共和國，並宣布退出第一次世界大戰。
1921	**中國共產黨成立**	中國共產黨正式成立，在共產國際指導下以「國共合作」為方針，試圖在現有體制內爭奪政權，一九二四年時毛澤東甚至擔任國民黨中央黨部代理宣傳部長。
1930	**第一次國共內戰**	中國共產黨與國民黨關係決裂，蔣介石發表「攘外必先安內」方針，全面圍剿中共部隊。
1931	**九一八事變**	日本關東軍藉故進攻瀋陽，守軍未積極抵抗，日軍遂攻占瀋陽，隨後征服滿洲全境，並於次年成立「滿洲國」傀儡政權。
1936	**西安事變**	國民黨圍剿中共根據地延安，張學良、楊虎城發動「西安事變」挾持蔣介石要求停止剿匪，合作抗日，促成國共再度合作。
1937	**七七事變**	又稱盧溝橋事變，日本中國駐屯軍因故要求進入宛平縣城，遭守軍拒絕，導致雙方發生衝突，自此中國抗日戰爭全面爆發。
1939	**德蘇互不侵犯條約**	蘇聯與德國簽訂《互不侵犯條約》並共同瓜分波蘭，揭開第二次世界大戰序幕。隔年，日德義三國簽署同盟條約，成為「軸心國」聯盟。
1941	**蘇日中立條約**	蘇聯與日本簽訂《蘇日中立條約》，雙方互相承認滿洲國與蒙古人民共和國。
1941	**珍珠港事變**	日軍偷襲美軍珍珠港基地，掀起太平洋戰爭。
1945	**二戰終結**	蘇聯向日本宣戰並進攻滿洲，美軍在廣島、長崎投下原子彈迫使日本投降，第二次世界大戰結束。蘇聯接管北朝鮮，美軍接管南朝鮮，劃定北緯三十八度線為軍事分界線。
1945	**第二次國共內戰**	對日戰爭結束後，國共旋即爆發內戰，一九四九年十月，中華人民共和國正式成立。國民黨節節敗退，最終於一九四九年全面撤退至台灣。
1949	**蘇聯原子彈試爆**	蘇聯原子彈試爆成功，成為第二個核武國家。

1950	**韓戰爆發**	韓戰爆發，美國對中國態度轉變，美軍協防台灣，並在朝鮮半島展開反攻，使南北韓關係重回北緯三十八度線分治。
1953	**韓美共同防禦條約**	南韓與美國簽訂《韓美共同防禦條約》，雙方若遭受攻擊要互相提供軍事援助。
1960	**中蘇交惡**	又稱中蘇決裂，毛澤東批評蘇聯部長會議主席赫魯雪夫背叛了社會主義，埋下日後衝突導火線。
1961	**中朝友好合作互助條約**	中國與北韓簽訂《中朝友好合作互助條約》，與北韓建立互助同盟關係。
1969	**珍寶島事件**	中蘇發生「珍寶島衝突」，雙方差點開戰，美國趁勢介入分化，促成尼克森總統拜訪中國破冰之旅。
1979	**中美建交**	中國與美國宣布建交，雙方關係正常化，美國斷絕與台灣邦交。中國正式開始「改革開放」，引進市場經濟。
1991	**蘇聯解體**	蘇聯解體，宣告二戰後冷戰兩極對立終結。
1996	**中俄建立戰略協作夥伴關係**	中國與俄羅斯建立戰略協作夥伴關係，在緩和處理兩國之間邊界矛盾之後，中俄展開進一步軍事交流。
1997	**亞洲金融風暴**	亞洲金融風暴席捲南韓與東南亞，戰後經濟奇蹟中斷，各國開始經濟與貨幣政策重整期。
2001	**中俄睦鄰友好合作條約**	中國與俄羅斯簽訂《中俄睦鄰友好合作條約》，中俄雙邊關係發展更加緊密。
2006	**北韓試爆核彈**	北韓試爆核彈成功，美國與聯合國展開經濟制裁，但朝鮮核問題至今依然無解。
2015	**日本新安保法**	日本通過《新安保法》修正案，賦予自衛隊有條件出兵反擊權利。
2019	**美韓朝三方會談**	川普與南韓總統文在寅、北韓最高領導人金正恩先後會面，於是川普成為首位踏上北韓領土的美國總統，也促成美國與北韓多次高峰會。
2019	**中俄建立全面戰略協作夥伴關係**	中國與俄羅斯簽訂《全面戰略協作夥伴關係聯合聲明》，中俄雙方提升為全面戰略協作夥伴關係，凸顯中俄關係已超越冷戰時期的軍事同盟模式，具備「不與第三方勢力結盟、對抗或針對」的性質。
2022	**北韓導彈重新試射**	南韓親美派總統尹錫悅上任，北韓重新開始導彈試射，朝鮮半島再度戰雲密布。
2024	**朝俄建立全面戰略夥伴關係**	北韓與俄羅斯簽訂《全面戰略夥伴關係協議》，雙方承諾將在任何一方遭受侵略時會提供互助。
2024	**北韓炸毀連接兩韓鐵公路**	北韓將南韓列為「敵對國家」，將連接兩韓的部分鐵路和公路炸毀，完全切斷兩韓之間的陸路交通。

製表／柯筆辰

3 全解東北亞密碼

東北亞得以成為各方矚目的焦點，全因兩種獨特密碼。

第一種密碼是自然地理條件。東北亞位處中高緯度地帶，因幅員遼闊，帶來多元複雜的地理條件與人文環境。

第二種密碼是東北亞自二戰以來遺留下許多領土爭議，各國互不相讓，大小衝突不斷，達成的共識也可能隨時翻盤。

詳解這兩種關鍵密碼，就能了解東北亞錯綜複雜的內在特質，發現東北亞作為激烈火藥庫的根本原因。

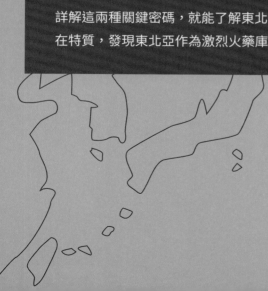

土地面積 (km2)	政治制度	主要產業	核武	教育水準 PISA 排名	數位競爭力 排名
983 萬	聯邦總統民選	金融、製造、專業服務	有	9	4
959 萬	共產黨專制	製造、礦產、食品加工	有	1(2018)	14
1,708 萬	聯邦半總統制	能源、航太、製造	有	31(2018)	42(2021)
37.7 萬	君主立憲內閣制	服務業	無	3	31
10 萬	總統民選	電子、通信、汽車、造船	無	4	6
3.61 萬	總統民選	電子、通訊	無	5	9
12.4 萬	共產黨專制	礦業	有	-	-
156 萬	總統制	畜牧、礦業	無	65	64
769 萬	君主立憲議會制	礦產、工業運輸設備	無	12	15
30 萬	總統民選	電子組裝、商業外包	無	76	61
328 萬	內閣總理制	紡織、化工、軟體	有	-	51
33.1 萬	共產黨專制	食品、成衣	無	34	-
190 萬	總統民選	石化、紡織	無	71	43

註：人口、GDP、國防預算、潛艦數量與軍隊數量皆為 2022 至 2024 資料，來源參考各國政府網站。教育水準為 PISA 2022 閱讀能力分數。數位競爭力為洛桑管理學院 2024 年報告（製表：柯筆辰）

關鍵數字 東北亞地緣全檔案

	人口	GDP (USD)	國防預算 (USD)	潛艦數量	美軍人數
美國	3.3 億	26 兆	8420	71	135 萬
中國	14.1 億	19.3 兆	2240	59	0
俄羅斯	1.47 億	2.2 兆	1020	64	0
日本	1.2 億	4.2 兆	514	22	5.3 萬
南韓	5,196 萬	1.7 兆	442	19	2.5 萬
台灣	2,389 萬	7,900 億	190	4	0
北韓	2,599 萬	300 億	110	23	0
蒙古	350 萬	187 億	0.9	0	0
澳洲	2,649 萬	1.7 兆	290 億	6	732
菲律賓	1.1 億	4,400 億	42 億	0	310
印度	14.4 億	3.8 兆	738 億	18	0
越南	9,946 萬	4,490 億	63 億	6	0
印尼	2.7 億	1.4 兆	88 億	4	0

天然地理密碼

高緯度海陸交接地 泛歐亞語系國家相似又迥異

東北亞主要由「東亞北部」和「北亞東部」組成，土地跨幅大，高緯度氣候是區域國家的共同特質。多元又相似的地理條件，帶來哪些潛力與挑戰？

文／巫仰叡（「巫師地理」粉專社群版主）

自然地理：地質、地貌、氣候、海洋

Q1 東北亞的半島與群島地形有什麼特色？和地球板塊構造有關嗎？

東北亞分爲「東亞北部」和「北亞東部」。東亞北部陸塊有許多「半島」地形。半島的特色是三面臨海，例如俄羅斯的「堪察加半島」位於北美板塊與太平洋板塊交界，三側分別面向鄂霍次克海、白令海、太平洋，**地球板塊作用**使這裡分布多座活火山，也是俄羅斯地震風險較高的區域。

另一個著名的半島是「朝鮮半島」，地勢東高西低，呈現「豸」字形。三側分別面向黃海、朝鮮海峽、東海（或稱日本海），這裡不在板塊交界處，地震風險較低。

東北亞鄰近環太平洋火環帶的西側，地球板塊運動活躍，是觀測史上多次大地震及海嘯的分布帶，日本群島就是新聞上時常看到的地震與海嘯區。

名詞解說

地球板塊作用

又可稱為「板塊擠壓」，概念源自於板塊構造論，解釋大陸漂移的地質學現象，該理論提及全球有六大板塊，板塊間相互擠壓而造成地殼變動，因此出現火山、海溝等地形。

凌汛

具有結冰期的河流常見的一種自然現象，由於上游地區的冰層碎裂成塊狀，河川冰層下方水流帶動冰塊往下游運動，下游地區河堤狹窄時冰層不斷累積，造成對堤防的壓力過大，發生凌汛現象。

日本位處北美板塊、歐亞板塊、太平洋板塊、菲律賓海板塊等四大板塊交界處，由北至南，分別是千島群島（日俄爭議領土）、北海道、本州、四國、九州，一路再延伸到琉球群島等地。這類地形的特色是島嶼衆多，山多平原少，富含地熱及溫泉。

由於四大板塊交界，板塊擠壓使得大小規模地震頻率高，也威脅到政經中心東京都，日本因而相當重視防災。

Q2 爲什麼日本群島的海峽特別多？東北亞河川的走向與水系分布爲何？

日本群島的大島嶼之間有許多重要海峽，像是北海道和本州之間的津輕海峽、本州和九州之間的關門海峽，本州與四國之間的明石海峽、鳴門海峽等。這些海峽多數很細窄，可透過鐵公路與航運串聯。至於日本北海道和俄羅斯庫頁島之間的宗谷海峽、日韓之間的對馬海峽，則存在著領

東北亞鄰近環太平洋火環帶西側，地球板塊運動活躍，日本富士山即為火環帶上的典型錐狀活火山，距離東京僅有 80 公里，擁有優美輪廓，又為日本第一高峰，被視為日本精神象徵。

土爭議。

在地質作用之下，俄羅斯東側、南北韓、日本的河川流域都顯得很破碎，長度短小，坡陡流急，與台灣的河流類似。若遇豪雨或颱風侵擾，中下游的聚落與港灣容易遭受洪患或土石流威脅。

相對地，中國東北平原的黑龍江流域相對遼闊。特別的是黑龍江源頭在蒙古，中下游是中俄國界，出海口在俄羅斯，爲蒙古內陸國的重要聯外航運，天然地理條件也形成中俄蒙三國可一起合作建立的經濟廊道。不過，因黑龍江流向從低緯度往高緯度走，容易發生**「凌汛」**，上游河流向海流動，下游河水卻已結冰，冰塊堵塞河道，造成水災，因此仍相當依賴鐵公路交通運輸。

Q3 東北亞具有什麼氣候特質？

整個東北亞位於歐亞大陸與太平洋之間，跨度範圍大，海陸性質差異也大。受**地球偏轉力**（科氏力）影響，輔以蒙古和西伯利亞的冷氣團，這裡冬季整體吹拂西北風。夏季則受到太平洋高壓影響，由海洋往陸地低氣壓帶吹拂東南風。因此，日本、南北韓、中國東北、俄羅斯東側都呈現「溫帶季風氣候」，四季分明，夏季溫暖多雨，冬季寒冷。

在同一緯度上，日本四面環海，受海洋調節，年溫差較小。所以，大城市哈

東北亞板塊圖

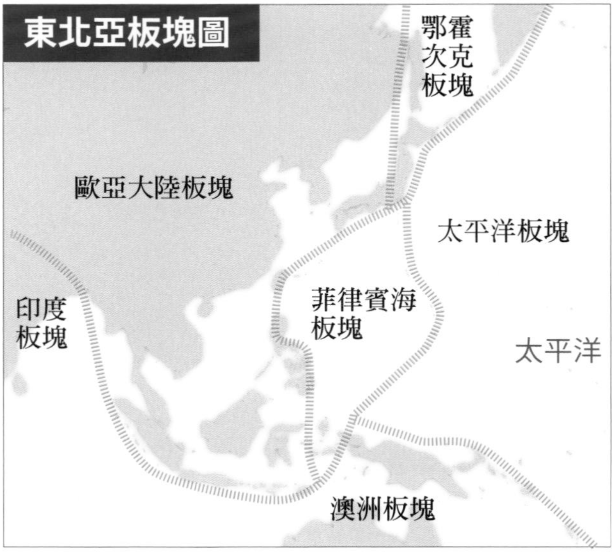

爾濱相較於東京，夏天會更熱，冬天則更冷。

日本受地形因素影響，冬季西北風越過日本海時夾帶水氣，本州西側降雪明顯，比起同緯度地區，暴風雪機率更高。若往歐亞大陸內陸走，像是蒙古首都烏蘭巴托，因距海遙遠，水氣少，則乾燥、年溫差大，屬於「溫帶乾燥氣候」，多數地理形態是草原或沙漠。

人文地理：社會、文化、經濟、產業

Q4 東北亞語種特殊，是怎麼形成的？

東北亞的族群文化和語言，根據推論可回溯至九千多年前的西遼河，是夾在北方黑龍江、南方黃河流域之間小米農業文明，被認爲是泛歐亞語的起源。

經過幾千年的發展，泛歐亞語族群從西遼河流域向不同方向傳播。有些傳向西方蒙古草原，衍生出蒙古語、突厥語；有些傳向北方黑龍江，衍生出通古斯

黑龍江從低緯度的蒙古流向高緯度的中俄國界，在春夏之交容易發生「凌汛」現象，由於上游河水解凍形成碎裂冰塊往下游流動，而下游河水卻依然結冰，造成冰塊堵塞河道致使水災發生。

語：五千三百年前進入朝鮮半島，衍生出韓語；二千多年前渡海抵達日本，演變成日語。

Q5 東北亞蘊含哪些天然資源？洋流帶來什麼樣的經濟資源？

國家的經濟發展受到自然環境影響，以礦產資源爲例，中國東北與北韓擁有豐富煤礦和鐵礦，南韓與日本的礦產相對較不豐富。反映在製造業上，日韓原物料較依賴進口，即使已發展出電子業與高科技產業，原物料仍需外求。

不過，日本所擁有的經濟海域範圍廣闊，因此海底蘊含蘊藏豐富油氣的釣魚臺（尖閣諸島）才會爭議不斷，且開採受到限制。

東北亞可耕種面積受制於地形「山多平原少」，加上人口稠密，若要養活眾多人口，勢必要採高度集約式耕種，藉以提高單位面積產量，如日本米、南韓白菜、中國東北的大豆、玉米、小麥等。因糧食需求大、水資源有限，部分區域出現過度耕種造成土地退化的現象，其中旱澇較明顯的中國北方，需要適時地**退耕還林**，才能減緩沙漠化。

不過，糧食需求也可以從海洋取得。來自北極圈的親潮和來自低緯度黑潮兩種寒暖流在東北亞海面交會，夾帶了豐富的浮游生物及漁獲，日本的漁業也因此特別發達，成爲世上海鮮食材最豐富的國家之一。

名詞解說

地球偏轉力

又稱「科氏力」，十九世紀法國科學家科里奧利所提出，他發現物體在旋轉運動的過程中會產生偏移現象，這個偏移力量屬於一種慣性力，通常用來解釋因為地球自轉所產生的偏向力，而這個偏向力也主導地球表面上高壓區以及低壓區的空氣流向。

退耕還林

屬於中國自二〇〇一年展開「林業重點工程」之一，推耕還林工程的施行地區是以水土流失嚴重或糧食產量低的坡耕地及沙漠化耕地為主，這些耕地在退出糧食生產後，變更為生態林、經濟林或草地。

黑船來襲

日本在德川幕府時代，傾向「陸權」戰略與外交思維，故而採取「鎖國」政策，拒絕與多數歐美海權國家通商。一八五三年，美國以船身被塗上防鏽黑色柏油的現代軍艦「黑船」強勢叩關。日本迫於情勢，隔年和美國簽訂《神奈川條約》（又稱《日美和親條約》），結束鎖國，開啟下田與箱館兩個港口。此後，日本展開明治維新，向歐美取經，正式轉型為「海權」思維強國。

Q6 東北亞的貿易特色是什麼？人口變化帶來什麼樣的挑戰？

日本近代史上發生過**黑船來襲**、明治維新等事件，促使日本放棄鎖國政策，改以海上貿易與全球連結。東北亞各國也大力發展港口和碼頭，像是俄羅斯拓展海參崴（俄語：符拉迪沃斯托克 Владивосток）、納霍德卡港、南韓建立釜山港、北韓建立羅津港、中國開發東北地區大連、旅順港灣，逐步站上全球貿易要角。

很巧的是，當前日本、南韓、中國都逐步揮別人口紅利，面臨少子化與高齡社會的考驗，產業轉型成爲當務之急，日本甚至已經開啓銀髮族重返職場的風氣，並引進外籍勞工。著眼未來，不管是好是壞，東北亞仍是全球產業關注的所在地。

亞洲內陸因距海遙遠，水氣少，則乾燥、年溫差大，屬於「溫帶乾燥氣候」。圖為在呼倫貝爾高原上牧羊的農民，由於高原上水草豐美，是優良的放牧地點。

同屬廣義東北亞的中國內蒙古，沙漠化現象嚴重，到處可見胡楊枯木散落在野地。中國正積極實施退耕還林，減緩土地退化現象。

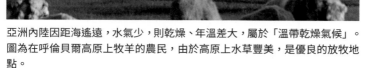

壯闊萬象東北亞 山海冰石兼具的造物主傑作

1. 戈壁沙漠位於中國和蒙古之間，境內多礫石荒漠，地面呈波狀起伏，岩石經過長時間的風蝕，在表面上常帶有黑亮色澤的礦物，又被稱為黑戈壁。
2. 俄羅斯堪察加半島的一處火山群屬於活耀的活火山，其中戈雷利火山是堪察加半島南部最為活耀的火山，火山口內的藍酸湖，隱約可見。
3. 俄羅斯哈巴羅夫斯克(伯力)的阿姆特湖，屬於高山滑坡湖，周遭有美麗的針葉林。入冬以後，阿姆特湖表面就會結冰，冰霜覆蓋在針葉林上，湖邊雪景，美不勝收。
4. 堪察加棕熊是一種大型棕熊，毛色帶有紫色光澤，喜歡以果實和魚類為食，性格溫馴，較少襲擊人類。
5. 西伯利亞麝香鹿是稀有保育類動物，雖是草食性動物，但嘴邊有尖銳獠牙，外型十分特別。由於身上帶有濃烈氣味的麝香酮，可被提煉成為香水，在人類競相盜獵下，野生麝香鹿大量減少。

4

5

1

2

3

主權爭議密碼

西海五島　南北韓領土爭議，外溢到海面

為了確保南韓民用船隻遠離北韓領土，一九五三年聯合國在南北韓間海域劃出「北方限界線」，作為北緯三十八度線的海面延伸，但未獲北韓承認，如今飛彈試射不斷。

文／李宗翔

地緣重要性

嵌入北韓海域的南韓領土，敏感異常

延坪島、隅島、白翎島、大青島與小青島，是五座位於黃海的島嶼，由於南北韓稱黃海爲「西海」或「朝鮮西海」，因此就被稱「西海五島」，韓戰期間曾被北韓攻占，韓戰結束後爲南韓實質控制。

在朝鮮王朝時代，隅島屬於今日横跨南北韓國境的舊「京畿道」，其餘四島則屬今日位於南韓境內的**「黃海道」**管轄。離南韓本土最遠的白翎島，距南韓本土大約一百六十公里，但距離北韓海岸則不到十六公里；離南韓本土最近的隅島，距南韓本土大約三十五公里，離北韓海岸則約十九公里，可以說是嵌入北韓海域的南韓領土。

由於這片海域漁業資源豐富，加上韓戰留下的歷史問題，使這個區域顯得格外敏感。

名詞解說

西海五島實質控制國家

南韓

黃海道

過去屬於朝鮮八道之一，位於朝鮮半島的中西部，一九五三年韓戰結束後，根據北方限界線的規定，黃海道的島嶼歸給南韓，大陸部分歸給北韓。但自一九九九年以來，北韓主張將黃海道的島嶼納為己有，引發南北韓海上衝突。

爭議起點
西海五島歸屬沒問題，重點在海上

一九五三年，**聯合國在南北韓之間劃出「北方限界線」（Northern Limit Line, NLL），作爲北緯三十八度線的海面延伸，也就是南北韓的海面分界線。但這條界線始終未獲北韓承認。**

那個時候，《朝鮮停戰協定》（Korean Armistice Agreement）才簽署一個月，聯合國軍爲了讓南韓民用船隻遠離北韓領土，由聯合國軍總司令馬克・克拉克（Mark Clark）上將在第三四六次停戰委員會上宣布設立這條線。但自始至終，北韓都認定北方限界線是非法劃定的界線。

從地圖上看，北方限界線是由朝鮮半島兩側陸地向外延伸入海，但因東西兩側地形不同，劃界複雜度也大不同，是典型地緣政治學「地理影響政治」的活教材。

朝鮮半島東側海岸平直，且外海幾乎沒有島嶼，因此北方限界線東側沒有太大爭議。但朝鮮半島西側海岸線

漁業資源是西海五島海域糾結的原因之一。圖為南韓漁船航行在朝鮮半島周遭海域。

彎曲，港灣和島嶼衆多，**因此南北韓雙方雖然對於西海五島的歸屬不存在爭議，但對於如何劃定海上分界線，便產生歧異。**

地緣緊張性

北韓主張「南方警戒線」，飛彈試射不斷

基於國家安全，南韓認爲北方限界線及西海五島是保護其本土與領海重要緩衝區，因此堅持此一邊界。

北韓否定北方限界線的劃定，多次提出抗議，爲了作出回應，也在此區域以領海基線自本土向外南推十二海里，稱「南方警戒線」，當作劃界基準。特別的是，北韓劃定南方警戒線的前提是承認南韓擁有西海五島，必須爲自己在島嶼旁各保留一條大約一英哩寬的水道當作通道。

由於南北韓認定的海上疆界不一致，使這片海域權利範圍各說各話，軍事示威不斷。北韓就頻繁製造小規模衝突或舉行火炮演習，或進一步炮擊西海五島，藉以達到政治目的。

自北方限界線劃設以來，兩韓在海上邊境發生過多起衝突事件，近期較激烈的五起衝突包括：一九九九年七月十五日的第一次**延坪海戰**、二〇〇二年六月二十九日的第二次延坪海戰、二〇〇九年十一月十日的大青島海戰、二〇一〇年三月二十六日的天安號沉沒事件與二〇一〇年十一月二十三日的延坪島炮戰。

名詞解說

延坪海戰

韓戰結束後，兩韓因海上邊界爭議爆發一系列軍事衝突。一九九九年第一次延坪海戰，一群北韓漁船在魚雷船與巡邏船陪同下闖進南北韓爭議海域，南韓派遣巡邏船靠近驅離，遭到北韓船艦開火，引發軍事衝突。此後，兩韓不斷在北方限界線附近發生軍事衝突，為此，美軍與南韓進行美韓聯合軍事演習，震懾北韓。

隨著兩韓關係起伏不定，西海五島地區局勢也在平靜與衝突間擺盪。加上二〇二三年十二月，北韓領導人金正恩正式宣布南北關係不再是「同一民族」的關係，乃「處於敵對的兩個國家關係與交戰國關係」後，北方限界線周邊海域就成爲北韓實彈演習場域。

二〇二四年一月五日起，北韓連續數天向這片海域發射約二百枚砲彈，引起南韓反彈，隨後南韓也宣布，南北韓之間「不再存在陸海緩衝區」，同時重啓當地的例行軍演，使得這一地區緊張態勢再次升高。其後，爲了因應北韓挑釁，南韓與美國聯手進行軍事演習，出動多架軍機與無人機進行戰術飛行與轟炸訓練，藉此警告北韓，切勿挑起衝突。

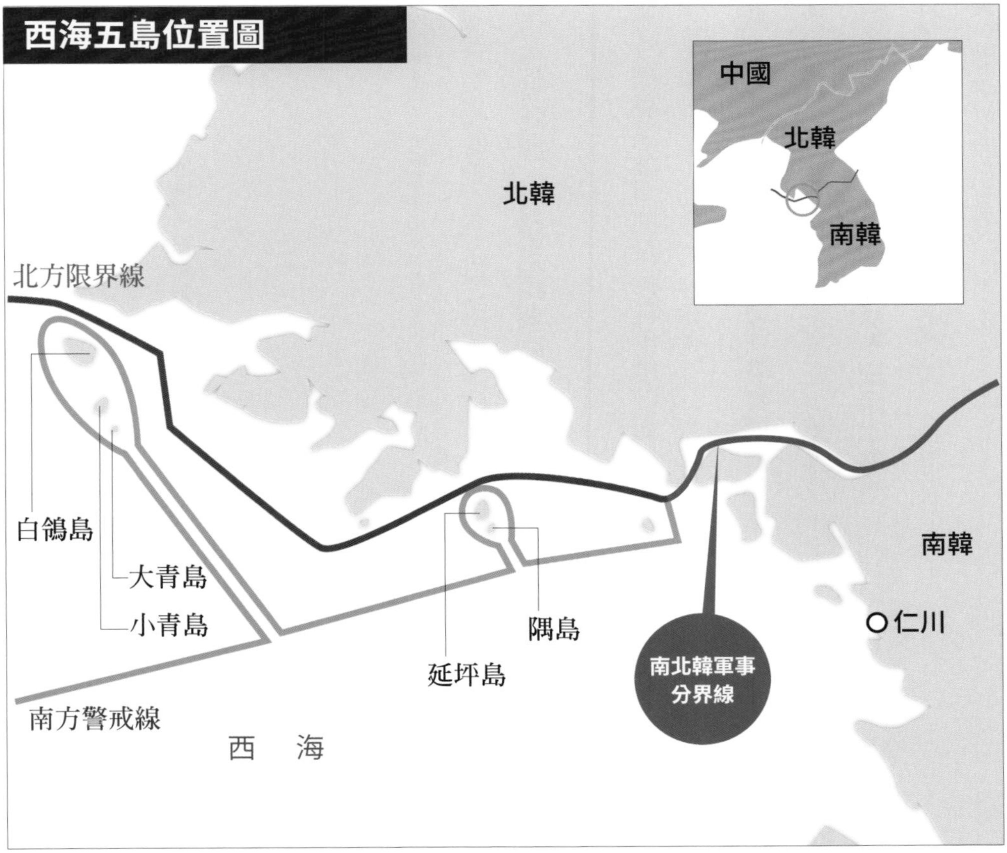

主權爭議密碼

北方四島 日俄主權爭議，太平洋門戶關鍵

「北方四島」位於日本與俄羅斯之間，具備戰略與經濟價值，日本稱為「北方領土」，俄羅斯命名「南千島群島」，兩國僵持不下，目前為俄羅斯實質控制。

文／湯智貿（東吳大學政治學系助理教授）

地緣重要性

俄羅斯確保軍事威懾力關鍵

日本和俄羅斯在「北方四島」的領土主權爭議範圍，包括日本北海道與俄羅斯堪察加半島間的國後、擇捉、齒舞、色丹四個島嶼。**目前這四個島嶼由俄羅斯實質控制**。

關鍵的海洋地理位置和豐富的天然資源，造就了北方四島的經濟價值與軍事戰略重要性。

對俄羅斯而言，控制千島群島與庫頁島，等於掌握了太平洋通往堪察加半島的海線交通，得以控管外國船隻進入鄂霍次克海。如此，不僅使俄羅斯海軍太平洋艦隊得以自由進出太平洋，也增加俄羅斯東岸國防屏障。**擇捉島不凍深水港灣**是俄羅斯達成國防布局的重要地點。此外，北方四島擁有豐富自然資源，包括石油、天然氣、黃金、銀、錸和漁業資源等，經濟價值相當高。

名詞解說

北方四島實質控制國家

俄羅斯

擇捉島不凍深水港灣

擇捉島上遍布火山，具有天然港口優勢，地形詭奇美麗，呈狹長狀，長約二〇三公里，寬約三十公里，是北方四島的最大島嶼。

冬季平均氣溫約攝氏零下四度，不像同緯度大陸那麼寒冷。

位於中部的「單冠灣」，俄羅斯稱為「虎鯨灣」，是兵家必爭的天然深水港。港灣面向東南方的太平洋，寬度長達十公里，即使冬季也不會結冰，地理位置和軍事戰略價值兼具。

換言之，若北方四島爲日本實質控制，俄羅斯海軍將無法自由出入太平洋，俄羅斯控管外國船隻進入鄂霍次克海的能力也會隨之下降，等同削弱海疆邊防和軍事威攝能力。當然，也會失去北方四島的天然資源經濟利益。

因此，俄羅斯持續強化並擴張在北方四島的軍事設施建造、軍事人員和武器的部署。例如，部署常備部隊、反艦飛彈、棱堡岸基反艦系統和防空飛彈系統等。俄羅斯在國後島上駐有常備部隊第十八機槍炮兵師。

日本主張

蘇聯違約在先，俄羅斯繼續非法占據

日俄兩國協商處理北方四島領土主權歸屬由來已久。隨著蘇聯在二戰期間加入同盟國聯盟，對抗包含日本在內的軸心國聯盟，蘇聯便開始試圖透過德黑蘭會議、雅爾達會議與波茨坦會議，收回過去讓給日本的庫頁島南部和千島群島領土主權。

當代北方四島的爭議，主要是因二戰前後處置日本領土歸屬相關會議文件的內容語意不明確、日俄雙方解釋分歧所致，包括《開羅宣言》、《雅爾達協議》、《波茨坦公告》與《舊金山和約》。

日本認爲，兩國於一八五五年建立外交關係後，俄羅斯並未聲索爭

俄羅斯帕拉穆希爾島是千島群島的第二大島，島上火山眾多且非常活躍，島上的富斯峰火山外觀奇峻雄偉。

議諸島的主權。《開羅宣言》與《波茨坦公告》的內容並不適用於北方四島領土，因爲那些島嶼從不屬於俄羅斯；《雅爾達協議》僅是同盟國領導人對戰後解決方案的聲明，並非解決領土主權問題的條約，且日本並未同意該協議。

日本也認爲，蘇聯於一九四五年對日宣戰是違反了當時仍有效力的《日蘇中立條約》。因此，蘇聯在宣戰後隨即占領北方四島的行爲，也同樣違反了國際法。而且，最後蘇聯並沒有簽署**《舊金山和約》**。即便日蘇兩國仍於一九五六年簽訂《日蘇共同宣言》，結束兩國間的戰爭狀態，但該宣言並未解決千島群島爭議。所以，北方四島主權爲日本所有，現在是被俄羅斯非法占據。

地緣緊張性

慎防日本黃雀在後，北方四島顫巍平衡

對於實質控制北方四島的俄羅斯，當然認爲這是自己在二戰後合法取得的領土。不過，日俄兩國在領土爭議上的交涉方式，會隨著國際情勢而調整。二戰後，日本與蘇聯（即後來俄羅斯聯邦）在北方四島問題上，時而透過擴張實質控制或法律管轄的方式，主張擁有領土主權；時而爲增進兩國政經關係，表現出擱置爭議或釋出談判解決爭議的意圖。

隨著俄羅斯陷入自己發起的烏克蘭戰爭泥沼，日本對北方四島主權問題轉而表現出強硬態度，在戰略上牽制俄羅斯；俄羅斯也透過和中國的聯合軍演及利用北

名詞解說

《舊金山和約》(Treaty of San Francisco)

《對日和平條約》的統稱，是二戰後多數同盟國成員與日本簽訂的和平條約，於一九五一年九月八日簽署，一九五二年四月二十八日生效。在《舊金山和約》中，日本聲明承認朝鮮獨立，並放棄台灣、澎湖、千島群島、庫頁島南部、南沙群島、西沙群島等島鏈多處主權，琉球群島則交付聯合國託管。但和約中未明確提及獨島、尖閣群島的主權，以及日本放棄台灣後，台灣的主權歸屬，因此為日後相關主權爭議留下許多伏筆。

韓導彈試射來威攝日本。

最受外界矚目的是，俄軍把注意力移往烏克蘭後，不斷傳出日軍增援北方四島的消息。俄羅斯爲了防止日本「黃雀在後」，二〇二四年四月甚至發布命令，暫停北方四島周邊海域的「無害通過權」（right of innocent passage），禁止他國籍船舶航行。日俄的北方四島領土問題進入與國際情勢連動的顫巍平衡狀態。

擇捉島是北方四島最大島，獨特白色懸崖、黑色沙灘和綠色植被交融，形成奇異景色，不只戰略位置重要，也深具觀光價值。

主權爭議密碼

竹島或獨島 日韓新仇舊恨，日本海咽喉點

朝鮮半島東側「日本海」往來「東海」咽喉點，二戰後《舊金山和約》未載明主權歸屬，日韓埋下爭執地雷，現因美國與日韓同盟，為戰略大局著想，雙方暫時擱置爭議。

文／湯智貿

爭議關鍵

南韓劃出「李承晚線」

獨島位於朝鮮半島東方海域，日本稱這個島嶼爲「竹島」，南韓稱爲「獨島」。

日韓兩國的竹島主權爭議始於二戰結束日本戰敗，美軍接管了竹島，南韓政府也於此時開始聲稱竹島是南韓領土的一部分。

一九五一年**《舊金山和約》未明確寫下竹島主權歸屬。當時美國認爲竹島屬於日本**。美國的態度引起南韓政府不滿，南韓單方面在一九五二年於東海與日本海域設**「李承晚線」**將竹島畫入線內，視爲南韓領土，並開始進行實質管治。

此後，日韓兩國爭端不斷，日本多次提議將該領土主權爭議提交國際法院仲裁，但南韓都拒絕。

竹島由兩座島嶼及周圍數十座岩礁構成，日本稱兩座島嶼爲「東島」和「西島」，南韓稱爲「于山峰」和「大韓峰」。島嶼本身面積不大，沒有特別的經濟

名詞解說

獨島實質控制國家

南韓

李承晚線

南韓所畫出的韓、日、中三國水域分界線。一九五二年一月十八日，時任南韓總統李承晚單方面在日本海與東海的公海海域，畫出「和平線」，宣示海洋主權範圍與漁業權，禁止外籍漁船進入。日本稱此線為「李承晚線」。

因為獨島被畫在李承晚線靠南韓的一側，日韓曾因漁權爆發日本漁民被捕的衝突，獨島主權也成為日韓的衝突，獨島主權也成為日韓兩國的常態紛爭。

價值，周圍二〇〇海里專屬經濟區也尚未發現任何石油等海底資源。不過，這裡擁有豐富的漁業資源，因此目前竹島經濟價值主要是漁業權。

地緣重要性

日本倒三角防線，南韓談判籌碼

相對地，竹島的軍事戰略價值明顯重要，該島位於「日本海」往來「東海」的咽喉位置。對日本而言，竹島與對馬島、隱岐群島形成「倒三角」之勢，可以防堵俄羅斯遠東艦隊穿越對馬海峽南下，若搭配北方四島，等同圍堵與限縮俄羅斯海軍的投射與威攝能力。

同時，竹島的雷達偵測範圍有利於監控南韓與北韓的海空軍活動和預警北韓導彈。再者，對竹島問題讓步，將會影響日本主張北方四島和釣魚臺島嶼主權的正當性，因此日本必然堅持主權主張。

對於南韓而言，控有獨島不僅增加國防管控能力，也增加在美日韓同盟合作中的地位和對日本關係的談判議價籌碼。

獨島現在由南韓實質控制，並由海洋警察廳進行監視，有直升機場、碼頭和燈塔等設施，每年南韓海警和海空軍會舉行防禦演習。目前獨島常住著普通居民、派駐海警、漁政管理人員和燈塔看護員，一般民眾亦可搭渡輪至獨島旅遊。二〇一二年，南韓總統李明博登上獨島，成為首位登獨島

獨島由兩座島嶼以及周圍的數個礁岩所組成，面積僅0.186平方公里，卻是日本海與東海的重要咽喉點。

宣示主權的元首，南韓透過這些官方與民間活動，來彰顯與累積南韓擁有獨島主權的正當性。

地緣緊張性

未升級軍事衝突，小動作卻從不間斷

雖然日韓兩國對於竹島主權問題爭執不斷，雙方立場難以妥協。二〇二四年四月，日本外務省在《外交藍皮書》再次聲稱竹島是日本領土，南韓外交部直接召喚日本駐韓大使抗議。但是在美日同盟和美韓同盟的雙同盟共同利益下，爭執都在管控範圍內，沒有升級為軍事衝突。

尤其近來在美中競爭升高、烏俄戰爭影響的背景下，中國、俄羅斯與北韓站在同一陣線的態勢明顯，日韓還是會回歸以美國為首的同盟合作。

近期，南韓總統尹錫悅專程訪日，提出應該跨越過去不斷糾結干擾日韓兩國關係的歷史問題，兩國應促進雙邊安全與經濟合作。**在美中競爭的背景下，為避免竹島問題干擾美日同盟和美韓同盟的同盟關係，進而影響美日韓合作應對中國、俄羅斯和北韓的地緣安全挑戰，日韓間的竹島主權問題將會被擱置。**

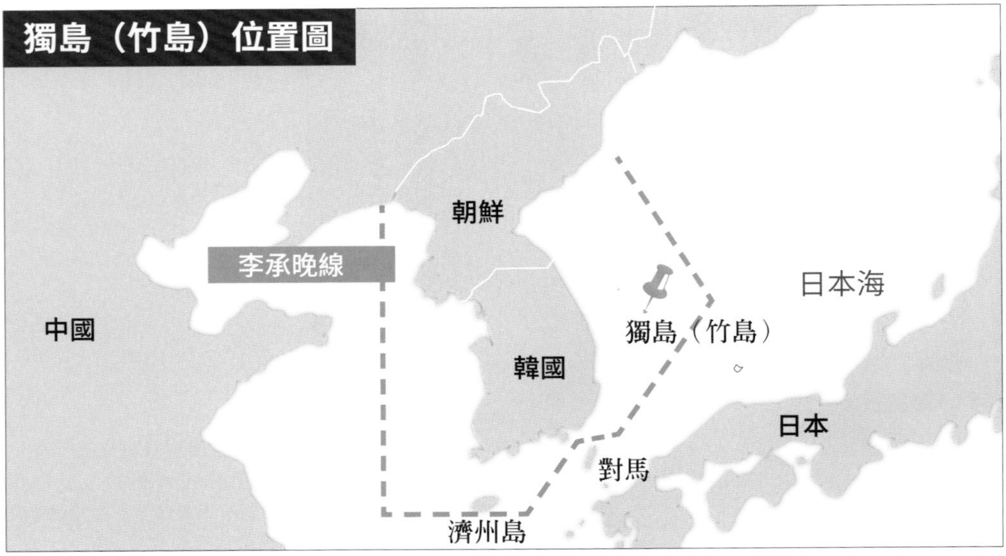

主權爭議密碼

黑瞎子島 私移界牌，中俄新仇舊恨

黑瞎子島主權爭議是中俄邊界現代史的縮影，私移界牌、地圖侵略等小動作不斷，讓這個河道上的三角洲島嶼成為定槌後仍可能翻盤的所在地。

文／李崇翔

地緣重要性
鄰近俄羅斯遠東重鎮，戰略與經濟雙要衝

黑瞎子島位於中俄邊境黑龍江與烏蘇里江匯流處，河道在此盤結錯綜，形成黑瞎子島、銀龍島（俄方稱「塔拉巴羅夫島」）等大大小小島嶼與沙洲。整個區域中國命名爲「撫遠三角洲群島」，與俄羅斯遠東重鎮**哈巴羅夫斯克**（中方稱「伯力」）隔江相望，戰略與經濟的地緣位置重要。

黑瞎子島面積約三百三十五平方公里，至少有三種名稱。因島上不時有黑熊出沒，當地人稱黑熊爲黑瞎子，故島名爲「黑瞎子島」。滿語採其造形命名，稱「摩烏珠島」，意思爲「馬頭」。俄羅斯採河流之名，直接稱「大烏蘇里島」（Bolshoy Ussuriysky Island）。

近年中國大力開墾黑龍江省，導致土壤大量流失、大量化學肥料直接流入江中，不僅造成污染，也對黑龍江水域生態造成負面衝擊，這讓俄羅斯十分不滿。

名詞解說

黑瞎子島實質控制國家
俄羅斯與中國

哈巴羅夫斯克（Khabarovsk）
中文名叫伯力，位於黑龍江及烏蘇里江交界處東側，過去曾是俄國遠東聯邦區的行政中心，也是俄國遠東地區的重要交通樞紐。

另外，黑龍江主支流河道均逐漸淤塞，航道中間開始出現許多新生島嶼，讓長久以來被視為界河的河道不斷變動，中俄勘界工作也遭遇挑戰。

爭議起點
界牌移動，飄忽不定的邊界

黑瞎子島主權爭議流傳的故事甚廣，最有名的是界牌被無端移動。

一八六〇年，俄羅斯帝國透過**《中俄北京條約》**，占有原屬於清帝國的外東北，黑龍江與烏蘇里江自此成為兩國國界。此後，中俄陸續於《東界交界道路記文》、《堪分東界約記》再次確認國界，並在烏蘇里江口西，立木製「耶」字界牌一個，因此黑瞎子島主權當歸屬中國。

不過，至一八八六年俄羅斯卻私自將該界牌移往通江子水道與烏蘇里江匯口處的北側，並自行將原有木製界牌換成石質界牌，之後俄人將此一石質界牌再移往通江子對岸的烏蘇鎮附近。不久，「耶」字界牌便無故失蹤，導致中俄雙方互不承認對方所指界牌原始設立地點。

此後，清俄雙方一直就《中俄北京條約》所指「兩江會處」為黑龍江與烏蘇里江的「匯流處」，或是「河口」，產生分歧。俄方主張俄中邊界應位於黑龍江、烏蘇里江兩條界河靠中國的一側，也就是主張黑龍江、烏蘇里江是俄羅斯的內河，並於一九一一年向清帝國政府再次重申。

名詞解說

《中俄北京條約》

一八六〇年，英法聯軍攻占大清帝國首都北京，大清分別與英、法、俄三國簽訂戰敗條約，也稱「北京條約」。條約包括《中英北京條約》、《中法北京條約》與《中俄北京條約》。根據《中俄北京條約》，清朝承認一八五八年所簽訂的《璦琿條約》有效，原先規定為中俄共管的烏蘇里江以東，包括庫頁島與海參崴在內的土地，永久歸為俄國所屬，中國因此喪失對日本海與鄂霍次克海的出海口。

由於清帝國隨後因辛亥革命，無力顧及邊務，俄羅斯帝國便在通江子與黑龍江、烏蘇里江交匯處分別設立海關，向中國船隻徵收關稅。北洋政府建立後，曾多次與俄羅斯交涉，但最終均無結果。

各讓一步 中俄均分黑瞎子島，完成勘界

一九二九年，東北邊防軍總司令張學良以武力強行收回中東鐵路主權，引發「中東路事件」，蘇軍進軍滿洲與東北邊防軍交戰，東北邊防軍大敗，蘇軍再趁機占領黑瞎子島。從此，黑瞎子島一直處於俄羅斯控制下。九一八事件後，日本關東軍與蘇軍沿邊境對峙，黑瞎子島成為蘇軍防衛伯力的前線陣地。

一九四九年中華人民共和國成立後，中方持續聲索黑瞎子島主權。一九六四年，中蘇首次於北京展開邊界談判，起初各執己見，毫無成果。一九六九年**珍寶島事件**後，蘇聯被中國奪去珍寶島，於是開始積極在黑瞎子島上建築軍用工事，並以移民方式，加強控制黑瞎子島。

一九八六年七月，蘇共總書記戈巴契夫表示願遵照國際法原則，承認兩國界河應以主航道中心線劃界後，雙方才又重啓停頓已久的邊界會談。最終在一九九一年五月中國國家主席江澤民訪蘇時，與蘇聯簽署《中蘇

黑瞎子島是兩江匯流處河道上的島嶼，夏日翠綠一片，但也因河道逐漸淤塞，島嶼沙洲面積時刻都在變動。

東段邊界協定》，解決除黑龍江中的黑瞎子島／大烏蘇里島、銀龍島／塔拉巴羅夫島及額爾古納河上的韭菜通島／波里紹依島以外，九八％的邊界問題。

二〇〇一年七月，江澤民與俄羅斯聯邦總統葉爾欽再次就邊界問題展開談判，並簽署《中俄睦鄰友好合作條約》，決定平分黑瞎子島。俄羅斯將黑瞎子島西半約一百七十一平方公里土地，以及包括銀龍島在內的諸多河中島嶼、沙洲交給中國，中國則同意不再向俄羅斯索取更多領土。

隨後雙方簽署《中華人民共和國和俄羅斯聯邦關於中俄國界東段的補充協定》確定兩國分割黑瞎子島。此後便以此爲基礎，於二〇〇八年完成勘界，正式解決中俄間長達四千三百公里長的所有邊界問題。

地緣緊張性

中國新版地圖，俄羅斯有苦難言

隨著中國國力壯大，俄羅斯陷入烏克蘭戰爭泥淖，黑瞎子島主權爭議又現不確定性。

二〇二三年八月二十八日，中國自然資源部公布的《二〇二三年版中國標準地圖》將黑瞎子島全境都畫入中國領土之內。由於中國政府經常運用「地圖侵略」來達成其政治目的，加上俄羅斯深陷入侵烏克蘭的泥沼，對中國依賴加深，中國此舉引發外界諸多猜測。

名詞解說

珍寶島事件

一九六九年，中國與蘇聯因黑龍江珍寶島主權爭議發生武裝衝突，稱「珍寶島事件」。事件後，中國實際控制該島，蘇聯對中報復攻擊，兩國再次爆發武裝衝突，史稱「中蘇邊界衝突」。

俄羅斯外交部出於維護與中國的戰略夥伴關係，低調強調十五年前的雙邊協議已經解決此一爭端，反對中國在新版地圖中將黑瞎子島全部劃入的立場。二〇二四年普丁訪中時，於《中俄聯合聲明》中強調：**「尊重國家主權的原則共同開發黑瞎子島」，雖表明黑瞎子島已無主權爭議，但中國方面則未對新版地圖提出修改。**

中國在黑瞎子島東邊建有「東極寶塔」，採漢唐風格，整個廣場直徑與遍布的雕柱數字都隱含中國的主權宣示意涵，與十公里外中俄邊境的東正教教堂對峙、比美。

二、滿洲

滿州是清帝國的龍興之地，但 19 世紀俄羅斯奪得外東北，20 世紀日本拿下中國東北，從此東北成為強權的競技場與緩衝區。日本發動九一八事變後，成立滿洲國，作為與蘇聯之間的緩衝地帶。隨著二戰結束，滿洲國也覆亡，歸到中國轄下。

三、蒙古地區

早在清帝國時代，蒙古地區就分為兩個部分，即「外蒙古」與「內蒙古」。外蒙古在辛亥革命時曾一度獨立，於 1921 年再次獨立成為蘇聯的衛星國。1990 年代民主化後，成為蒙古國。內蒙古對獨立猶疑不定，二戰期間雖有自治運動，但日本戰敗後改歸到中國轄下。

四、日本群島與朝鮮半島

日本與朝鮮有綿長的歷史糾葛，近代因日韓合併，使韓國失去獨立，種下兩國仇恨的種子。二戰後，美蘇介入，朝鮮半島南北分裂，最終因韓戰形成今日南北韓態勢。

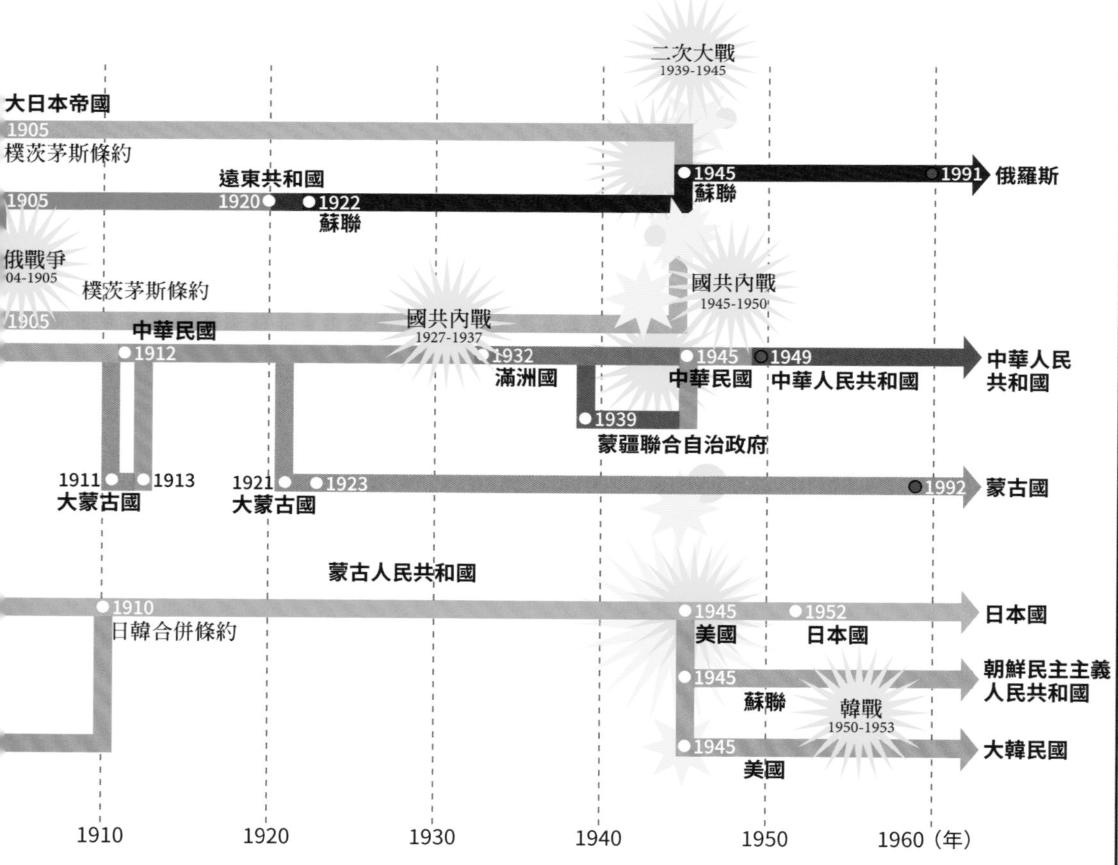

一圖全解

東北亞域內地緣政治綜覽

文／李崇翔

18 世紀以來，東北亞地緣情勢嚴峻而詭譎，戰爭、割地、入侵、殖民，各國邊界與緩衝區呈現動態推移，甚至有兩個小國家短暫出現，又因階段性功能消失而滅去。

一、俄羅斯遠東地區

19 世紀，俄羅斯帝國西拓，逐漸迫近太平洋，先朝高緯度地區發展，待清帝國衰弱，以武力與威逼取得外東北，得到海參崴等不凍港。庫頁島與千島群島都曾被日本拿下，但二戰之後，蘇聯奪回庫頁島與千島群島，至今這兩處咽喉點仍存在主權爭議。

1920 年俄羅斯內戰期間，同盟國以護僑名義發兵西伯利亞，蘇俄為免國際干涉，趕快組建「遠東共和國」當作緩衝區。待同盟國退去，該國失去功用，被併入蘇聯。

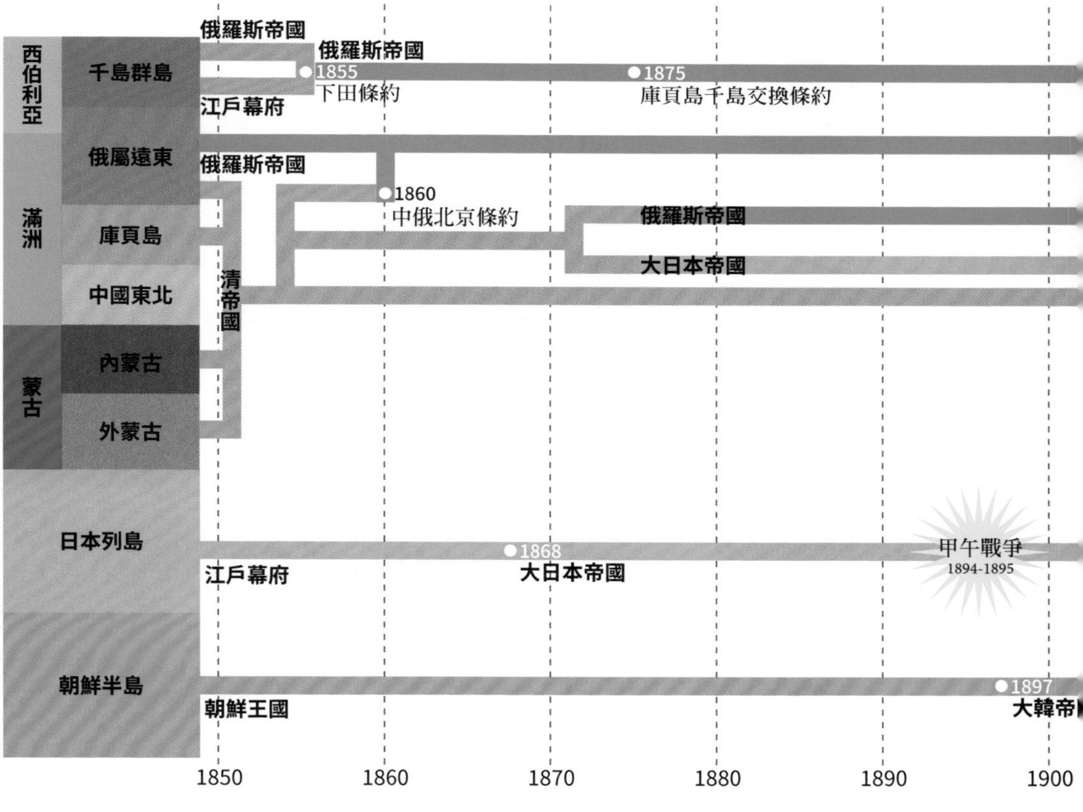

東北亞數字密碼

595億美元
日本國防預算排名全球第 10 名

1100億美元
韓國 2022 年文化內容產業的總收入

34183人
脫北者在韓國人數

3+1
中國有 3 艘已建造和 1 艘計劃建造的航空母艦

3100萬噸
蒙古境內擁有稀土儲量，僅次於中國

1667萬張
SEVENTEEN
2023年韓國偶像團體總銷量冠軍

140萬
2024 年無人機闖北韓事件升溫，北韓號召 140 萬青年報名參軍

3
全球火力評比，中國 2024 年全球軍力排名第 3

6
洛桑管理學院評比，南韓數位競爭力全球排名第6

1億3290萬美元
2024 年北韓炸毀連接兩韓的鐵公路，該路段是北韓以 1 億 3290 萬美元向南韓貸款建造而成

5580枚
俄羅斯是東北亞擁有核彈頭最多的國家

5.5萬人
美軍駐日本人數，美國海外最大部隊

4 換位思考，各國眼中的東北亞

各國的地理位置不一樣，看到的東北亞價值也不同。

換位思考，從各國的視角看東北亞，可以全方面理解各國盤算，找出國際叢林的法則，瞭解衝突與結盟的背後考量。

美國眼中的東北亞

東北亞是美國布局自由民主戰略線的起點，直接對陣中俄朝的重要防衛區域。「東北亞軍事鬥而不破」與「朝鮮半島無核化」，是美國因應地緣變局的主基調。

文／湯智貿

美國眼光一
印太戰略線，東北亞是起點

中國崛起及隨之而來的美中競爭，使得印太地區成爲全球地緣政治中心。對美國而言，印太地區廣大的市場、充裕的勞動力和豐富的自然資源是推動全球經濟增長的主要動力。掌握這些經濟資源，將其納入美國主導的經濟體系，對於美國全球霸權地位的延續至關重要。

爲此，美國在二〇一七年提出「印太戰略」，積極透過與區域雙邊盟友與夥伴（包括日本、南韓、台灣、菲律賓、泰國、新加坡、澳洲、紐西蘭等），建立多重合作機制，沿著**第一島鏈**打造自由民主戰略線，構建一個自由開放的印太地區，來應對被美國視爲「戰略競爭者」中國與俄羅斯、「流氓國家」北韓等區域專制集權國家挑戰現存國際秩序。

東北亞是這條自由民主戰略線的起點，直接對陣中俄朝的重要防衛區域。

名詞解說

第一島鏈 (first island chain)

源自於一九五〇年由時任美國國務卿艾奇遜（Dean Acheson）所提出的「西太平洋防禦圈」（Western Pacific Defense Perimeter），又稱「艾奇遜防線」（Acheson Line）。從最北端的阿留申群島，一路向南延伸至日本、沖繩和菲律賓，當時台灣和南韓並不在防線之內。

當前東北亞最主要的安全威脅是朝鮮半島核問題。過去，美國偏重透過雙邊談判或多邊的「六方會談」（美國、日本、南韓、中國、北韓、俄羅斯）和經濟制裁與禁運的方式促使北韓放棄發展核武，達成朝鮮半島無核化與核不擴散。**對中俄而言，朝鮮半島無核化符合其安全利益，但因爲北韓的存續與穩定攸關該區域的權力平衡，她們仍給予北韓外交支持和經濟援助，從而讓北韓得以繼續核試與導彈測試。**

換言之，中俄的態度是談判與制裁途徑始終未能在朝核問題上獲得成效的主因。近幾年，尤其烏俄戰爭爆發後，中俄朝三國間的合作關係日益緊密，朝鮮半島無核化更無實現的可能，核擴散的風險也逐步升高。

美國眼光二

美日韓，三方升級爲「戰略夥伴關係」

因此，雖然美國沒有放棄外交談判與制裁的方式來處理朝核問題，但也隨著局勢變化調整應對策略，轉向強化以美日同盟和美韓同盟爲基石的區域軍事防衛合作，因應嚇阻中俄朝強化合作而升高的威脅。

在歐巴馬政府執政時期，美國就希望透過改善日本與南韓兩國長年因歷史與領土爭議導致的關係不睦，促成美日韓三邊同盟的共識。但

北海道是日本群島北方最大島，也是第一島鏈防線北側主要起點。圖為北海道重要城市函館冬日海港白茫茫一片。

因爲當時支持三邊同盟的南韓總統朴槿惠遭到彈劾，重視對中關係的文在寅接替上台，使得美日韓三邊同盟合作進程停滯。

不過，美國仍然在南韓部署薩德反飛彈系統（Terminal High Altitude Area Defense, THAAD）**提升防衛嚇阻的效果。**儘管後來美國川普政府曾嘗試透過與北韓領導人金正恩的會面談判，以推動朝鮮半島無核化進程，但華府並未改變強化與美日、美韓的軍事同盟關係的立場。

接下來，美國抓緊親美的尹錫悅執政時機，大力推動停滯許久的美日韓三邊共同合作。二〇二三年，美韓兩國在同盟七十週年之際，共同發表「華盛頓宣言」（Washington Declaration），宣示美國會以包括「核反擊」在內的迅速和果斷作爲應對北韓的核武攻擊，與南韓商討在朝鮮半島部署核武器的可能性，展現其保護盟邦的決心與承諾。

同年八月，美國邀集日本及南韓舉行三方領導人峰會，發表了《大衛營原則》（Camp David Principles）、《大衛營精神》（Spirit of Camp David）與《三方協商承諾》（Commitment to Consult）三份文件，開啟了以美國爲樞紐的三邊共同合作機制，爲三國未來在安全、經濟和技術領域的中長期合作訂下了明確準則，將三方合作全面升級爲「戰略夥伴關係」，朝向三國同盟的方向前進，並同時與美國既有的區域合作進行接軌。

名詞解說

薩德反飛彈系統（Terminal High Altitude Area Defense, THAAD）

美國陸軍研發的一款採用動能擊殺攔截短程和中程彈道飛彈的終端防禦系統，屬於美國國家飛彈防禦署的一環，目的是攔截飛毛腿飛彈和同類的戰術彈道飛彈。為了應對北韓遠程彈道飛彈的威脅，該系統已部署在關島和南韓兩地。

自衛隊

二戰結束後由日本所建立的國家準軍事部隊，由陸上自衛隊、海上自衛隊、航空自衛隊等三個部門所組成，全體軍事人員稱為「自衛官」，共二十五萬人，並由防衛省統籌管轄、內閣總理大臣執掌最高指揮監督權。

美國眼光三

大衛營共識，催生第一份「國防工業戰略」

美日韓三邊共同合作機制，加上美、日、印、澳四方安全對話（Quad）和澳英美三方安全夥伴關係（AUKUS），已勾勒出「亞洲版北約」的基本輪廓，並與北約建立連結。

在大衛營的合作共識下，美日兩國也升級各自獨立的同盟指揮控制架構。日本新成立統一指揮陸海空自衛隊的常設機構「統合作戰司令部」，而美國計畫在日本設立美國聯合作戰司令部來對接，甚至未來可能在日本境內成立常設美日聯合小組，進一步推動駐日美軍與日本自衛隊的指揮管制一體化，提升雙方軍隊的溝通協調和運作反應能力。

再者，美國在東北亞面對的是擁有合計世界上最大規模武裝部隊和核武的中俄朝三個對手國家。在資源有限且防禦範圍廣大的現實制約下，美國勢必需要透過重組並建立可靠、有韌性的跨國製造業和國防工業供應鏈，以確保美國擁有在兩個戰區進行有效威懾和大規模戰爭的能力。

爲此，二〇二四年美國國防部發布有史以來第一份「國防工業戰略」（National Defense Industrial Strategy, NDIS），**認爲美國必須加強與盟友和夥伴的國防生產合作，將部分軍工製造在地化**。

隨後，美國即與日本舉行「國防產業合作、採購和整備論壇」（Defense

2023年南韓在時隔10年後，首度於首爾重啟建軍75周年國軍日遊行活動，聯合國軍儀隊和美國第八軍團都參與盛事，被外界認為具軍力宣示作用。

Industrial Cooperation, Acquisition, and Sustainment Forum, DICAS），希望透過加入日本強大軍工製造能力，增加武器生產的規模和速度，維持軍事供應鏈韌性，協助美國應對歐洲和亞洲的戰略挑戰。例如，在日本進行軍艦維修和飛彈生產等。

美國眼光四
友岸外包，東北亞鬥而不破

同時，美國也透過推動「友岸外包」（Friendshoring）**政策與盟邦和友好夥伴共同建立更緊密的製造業供應鏈來減少對中國紅色供應鏈的依賴。例如，美國拉台灣、日本和南韓建立「晶片四方聯盟」**（Chip 4）**，確保安全的晶片供給無慮。**

友岸外包政策也促使依賴美國市場或專利的日韓企業逐漸減少或撤出中國投資，轉向投資美國或其盟邦和夥伴，從而削弱中國的區域政治經濟影響力，增加美國對於區域經濟與科技資源的掌握。

總的來說，雖然中俄朝在東北亞不斷升高安全威脅的作爲，對於美國在亞洲的防衛帶來不小的壓力，但美國相對應地升級美日、美韓的軍事防衛合作，並使其與北約連結，反過來也對中俄朝產生壓力而形成牽制、嚇阻的效果，達到美國想在歐洲與亞洲形成兩面戰略包圍的目的。

因此，即便美中競爭和烏俄戰爭使得東北亞的軍事衝突風險居高不下，美國的因應作爲使得東北亞的軍事對抗維持在鬥而不破的態勢。

駐日美軍雖協防日本安全，但也時常引發日本民間反彈，角色敏感而尷尬。

中國眼中的東北亞

維護東北亞穩定，中國才能全心處理台海議題。因此，中國積極推動東北亞區域經濟一體化，不與日韓關係破裂，藉以強化自身在東北亞的區域經濟主導地位。

文／翟文中（國防安全研究院國防戰略與資源研究所助理研究員）

中國眼光一
東北亞解壓，中國有餘裕著力台海

中國建政以來，東北亞一直是中國地緣戰略關切的最主要地域，中國視其爲防禦中國東北的橋頭堡，加上憂慮美國從山東半島與遼東半島入侵中國，人民解放軍在鄰接此區域的軍區部署重兵進行防禦。其後，隨著美中正式建交，中國在東北亞區域承受的軍事壓力獲得相當程度紓緩，中國得能將注意力移至台海，並將大部軍事資源用以對台形成武力恫嚇。

近年來，美國爲遏阻中國擴張，推出「印太戰略」期能藉由聯盟體系建構，形塑與改變中國周邊安全態勢，完成對中國的地緣戰略圍堵。

隨著中美戰略對抗全面升級，台灣海峽、南中國海與東北亞三個區域就成爲中美軍事對抗最激烈的地域。在三者之中，東北亞是最錯綜複雜的地域，主因是其利害相關者涉及了兩個世界大國（中美）與三個區域強國（日韓俄），任何兩

名詞解說

美中正式建交

一九六九年，「珍寶島事件」讓中國與蘇聯交惡，美國認為與中國修復關係的機會到來，時任美國總統尼克森宣布取消對華部分貿易管制。一九七九年兩國終於正式建交，並與台灣斷交，美國國會隨後通過《台灣關係法》，規範與台灣的關係。

國間的雙邊互動均可能改變既存的東北亞的戰略態勢與走向。

當前，隨著美日強化同盟關係並且強化軍事戰備，中國憂心此種發展將對涉台軍事行動形成相當程度制約。在這種情況下，中國必須透過與區域內反美國家的合作，從而對美日進行反制。維護東北亞穩定不僅攸關美國建設強國必須的外部環境保障，亦是確保處理台海問題的重要前提。

中國眼光二
不樂見東北亞新冷戰，採多邊途徑化解

從中國角度來看，東北亞的安全環境朝向「大國競爭」和「陣營化」兩個方向發展。「大國競爭」指的是美國與中共日漸尖銳的戰略競爭，「陣營化」爲美日韓三國強化聯盟關係與北約介入東北亞安全事務日深。

長期以來，日本都是美國在東北亞最堅定的盟友，在軍事與外交上採「扈從」作法完全以美國馬首是瞻。南韓則在美中對抗間採取較平衡作法，從而謀取國家安全的最大利益與彈性運作空間。二〇二二年五月，尹錫悅上任後一掃南韓過去做法，採取「一面倒」的親美路線。

此外，在尹錫悅積極推動之下，日韓關係近年獲得大幅改善，兩國領導人除實現互訪外，多年來中斷未實施的部長與局長級安全與戰略對話亦重新啓動。尤其重要的，美日韓三國領袖在二〇二三年八月舉行的高峰會議上表示，美日韓將開

名詞解說

自貿區 (free trade zone)

全稱是「自由貿易園區」，屬經濟特區的一種。主要是在主權國家或地區的關境以外，劃出特定區域，豁免外國商品關稅，並自由進出，類似自由港政策的關稅隔離區。

創三邊夥伴關係的新時代，強化在地區與國際事務中的合作。

現下，美國已透過雙邊聯盟在東北亞建立了一個堅實的反中陣營，中國為防範在東北亞出現「新冷戰」格局，試圖透過多邊合作途徑強化與日韓的合作關係，例如推動建設中日韓自貿區與呼籲重啓朝核問題六方會談等。此外，中國也尋求與美國在非核擴散領域的合作，中國努力化解美日韓發展三邊同盟對其安全環境可能形成的衝擊。

中國眼光三

推區域經濟一體化，強化主導地位

從經濟安全的角度來看，一九八〇年代開始，中國進行經濟改革對外採取開放政策，經過三、四十年的經濟融合發展，**早已跳脫當初「雁行發展模式」，中日韓三國現已形成區域性生產網絡，三國間的貿易額與依存度持續增加。**一九九九年中日韓三國貿易額為一千三百億美元，二〇二二年則增至七千六百九十五億美元。

長期以來，中國積極推動區域經濟一體化進程，藉以強化在區域經濟的主導地位。例如二〇一六年中俄蒙三國制定了

中國東北缺乏出海口，水域寬深的山東青島港成為解放軍海軍北海艦隊的最佳基地。中國第一支驅逐艦部隊也是在這裡建置。

《建設中蒙俄經濟走廊規劃綱要》；二〇一七年中國發布《「一帶一路」建設海上合作設想》，將韓、日與俄羅斯等國沿海港口納入其與歐洲連接的藍色經濟通道之內。

此外，中國也試圖與日韓建立中日韓自由貿易區，惟因諸多政治事件干擾迄今談判陷入停滯狀態。二〇二〇年十一月，中日韓皆簽署加入「區域全面經濟夥伴協定」（Regional Comprehensive Economic Partnership, RCEP），此為涵蓋東協與東北亞區域的經濟一體化機制，但在美國排除中國成立**「印太經濟架構」**（Indo-Pacific Economic Framework for Prosperity, IPEF）後，中國於東北區尋求經濟主導的努力勢必遭到美國的強力抵制。

尤其重要的，隨著日韓兩國在高科技領域與美國的合作深化，並配合美國在半導體與先進製程等高科技領域對中國進行嚴格管制，雖未形成中國與日韓的經濟戰爭，惟南韓過去「安全靠美國，經濟靠中國」的戰略，已轉向「安全、經濟都靠美國」，這是近期東北亞政經格局出現的較大轉變。

中國眼光四
鞏固戰略利益，強化與俄經濟連結

就長期來看，東北亞的地緣政治與經濟仍充斥著諸多不確定性。俄羅斯入侵烏克蘭遭到國際社會孤立，俄國只能選擇強化與中國的合作。俄羅斯在俄烏戰後

名詞解說

印太經濟架構 (Indo-Pacific Economic Framework for Prosperity, IPEF)

二〇二二年，美國拜登政府為制衡中國的政經勢力，以及填補未能加入「跨太平洋夥伴全面進步協定」，於是在「東亞高峰會」中提出「印太經濟架構」，藉此樹立重振亞太地區經濟的領導地位，雖然抗衡中國影響力的能力有限，但已有進展。

安保三文件

二〇二二年日本政府在內閣特別會議通過《國家安全保障戰略》、《國家防衛戰略》和《防衛力整備計劃》三份安保文件修訂。其中，《國家安全保障戰略》規定日本外交和國防政策基本方針，《國家防衛戰略》則規定日本未來十年左右的防衛目標，《防衛力整備計劃》規定必要的政策和國防裝備採購。「安保三文件」是二戰以來日本安保政策的最大轉變，也關係著東北亞情勢的發展。

應會修補與西方的關係，最可能的發展是在中美戰略競爭中保有最大限度的平衡。

二〇二四年六月，北韓與俄羅斯簽署強化雙方安全合作協議，外界咸認此舉將會削弱中國在東北亞的地緣政治影響力。由於中國、北韓與俄羅斯在安全領域皆採不結盟政策，即使意識型態相當地接近，但不同的國家利益甚難促使三國結爲聯盟，中國未來仍將如過去般採取「雙邊」途徑尋求並鞏固其在東北亞的戰略與安全利益。

另一方面，日本在「安保三文件」將中國定義爲「前所未有的最大戰略挑戰」，兩國在東海存在主權爭議外，日本亦追隨美國在高科技對中國進行嚴格管制，惟在不具敏感性領域的合作仍持續地進行，南韓與中國的情形亦然。

此外，中國現已是俄羅斯在遠東的最大貿易夥伴，未來此種經濟連結將強化其與俄羅斯的安全合作，而且中俄彼此是戰略協作夥伴關係，有助鞏固其在東北亞的整體戰略態勢。

天津港位居京津冀城市群和環渤海經濟圈交匯點，地處渤海灣內，由山東半島和遼東半島從南北控扼，是中國北方最大的綜合性港口。

日本眼中的東北亞

一樣是東北亞，日本的地緣政治布局和地緣經濟思維相互矛盾。如何拿捏二者分寸，正考驗日本的智慧，也牽動整個東亞地區的走勢。

文／李世暉（政治大學國際事務學院教授、台灣日本研究院理事長）

日本眼光一

政治與經濟雙視角，看到的東北亞不一樣

日本眼中的「東北亞」，無論是定義與範圍，都隨著時事而變動。在地緣政治學的概念裡，東北亞是用來指日本、中國、朝鮮半島、俄羅斯遠東等地區；在聯合國的地理方案（地圖）中，亞洲分爲東亞、西亞、南亞、中亞與東南亞等五個地區，並不存在「東北亞」地區。這也讓日本在看待和理解東北亞時，有了自己的戰略想像空間。

過去日本是以「日本海經濟交流圈」爲出發點，擘劃和設想地緣相關事務。直到一九九〇年代南韓拒絕使用「日本海」一詞後，「東北亞」才逐漸成爲日本進行地緣治理的主軸。

不過，**日本外交事務中的東北亞，與經濟事務中的東北亞，所指涉的地理範圍卻不盡相同。**舉例來說，日本外務省亞洲大洋洲局的「東北亞課」，掌理的是

名詞解說

日本海

西北太平洋最大的邊緣海，北部邊界為俄羅斯，東部和南部邊界為庫頁島以至日本列島，西部邊界是朝鮮半島，海域有黑潮分支流入，蘊藏豐富漁業資源，漁業糾紛不斷；日本海底也蘊藏豐富天然氣和石油，讓環日本海各國很難放棄經濟海域權利。

朝鮮半島事務；而中國、蒙古事務，是由「中國與蒙古課」來掌理。日本經產省通商政策局的「東北亞課」，則是綜合掌理中國、南韓與蒙古的經濟調查與貿易往來。

從日本主管外交、經濟部門的組織業務就可看出，日本眼中的東北亞，地緣政治核心在朝鮮半島，地緣經濟則是涵蓋南韓、中國與蒙古。

日本眼光二
經濟與科技對立，地緣情勢趨複雜

事實上，以日本的地緣政治角度來看，自十六世紀以來，朝鮮半島一直是兩股勢力競爭的要衝。包括一五九二年至一五九八年的萬曆朝鮮戰爭（日本稱之爲「文祿‧慶長之役」、南韓稱之爲「壬辰之役」）、一八九四年至一八九五年的甲午戰爭（日本稱之爲「日清戰爭」）、一九〇四年至一九〇五年的日俄戰爭、一九五〇年至一九五三年的韓戰，有時是陸權與海權的衝突，有時是共產主義勢力與

哥吉拉雖是日本流行文化的象徵之一，但也反映出日本社會對核能與原爆愛恨交織的矛盾情結。圖為東京新宿哥吉拉頭像地標。

自由民主勢力的競爭。而日本則是主動、被動地捲入兩股勢力的角逐之中。

從日本的地緣經濟角度來看，東北亞既是資源與能源的供給地，也是重要的貿易市場。早在豐臣秀吉時期，恢復與中國明朝的**「勘合貿易」**，是其試圖取得朝鮮半島控制權的布局之一。而在德川幕府的鎖國（或稱為「海禁」）政策下，特別開放長崎與對馬來與中國、朝鮮進行貿易。二十世紀之後，朝鮮的煤礦、中國東北的礦產以及俄羅斯的石油與天然氣，都曾經是影響日本地緣經濟戰略的重要變數。

面對二十一世紀的變局，東北亞區域的中俄朝，與美日韓兩股集團勢力摩擦，加上北極航線開通，半導體供應鏈轉換等，讓東北亞地區的地緣情勢更加複雜。**這是因為，除了傳統的海陸兩權安全衝突之外，還加入了經濟與科技的對立（如半導體）**。

面對東北亞集團對抗的態勢，因北韓研發核子武器、強化飛彈技術，以及俄羅斯的東向思維為地緣勢力帶來盤整，日本正面對前所未有的安全壓力。周邊中俄朝三個擁核國與日本的關係都處在緊張狀態。**因此，日本國內也興起了一股「核共享」的意見，即同意美國在日本境內部署核子武器，反映社會對核子包圍的擔憂**。

名詞解說

勘合貿易

中國明朝與日本之間所實行的商業貿易活動，名詞於明朝與日本之間的貿易需要使用到區別倭寇的「勘合符」許可證。

半導體關鍵礦物

半導體生產時所需要的關鍵材料，包括石墨、鋰、鎳、鈷、稀土、鋁土等，故也有「得礦物者，得天下」的戰略意義。

日本眼光三

日韓握技術，中國握資源

在現有的三條北極航線中，串聯中國、日本、南韓、北韓、俄羅斯等國的「東北航道」，亟具地緣經濟價值。不管是極地資源豐富的俄羅斯，或非極地國家的中日韓，北極航線都是不可忽視的新戰略要素，也正快速加大東北亞的區域戰略壓力。

日本的北極航線政策，在安全上強調中俄朝的威脅，在航運及資源開發上卻又強調與周邊國家合作參與，這也反映出日本在處理地緣政治和地緣經濟議題時，二者存在矛盾。

另外，在半導體供應鏈議題上，東北亞已然形成日韓對抗中國的態勢。南韓的半導體製造能力，特別是高頻寬記憶體（HBM），以及日本在半導體設備、材料的競爭力（塗佈顯影設備、晶片清洗設備、光阻劑等），是牽制中國先進半導體發展的關鍵。但是，中國掌控**半導體關鍵礦物**（氟石、銻、鍺、鎵等），則是反向箝制日韓半導體產業的戰略資源。另外，南

東京在歷經二戰美軍大轟炸後，迅速重建，如今已發展成東北亞最繁華城市。圖為青少年流行聖地原宿，每年吸引大量遊客前往朝聖日本次文化。

韓在制定國家戰略技術目標時，將半導體製造技術列爲在未來的技術競爭中，優先發展的戰略技術重要目標，凸顯南韓對半導體供應鏈議題上的高度重視。而在經濟安全保障的戰略思維下，如何拿捏經濟貿易與經濟安全的平衡，是日本政府的一大挑戰。

日本眼中的東北亞，既是地緣政治與地緣經濟的交錯之處，也同時是安全利益與經濟利益的衝突之處。日本一方面持續提升海洋防衛力量，透過「自由與開放地區」戰略，參與海洋安全議題；另一方面則擴大「跨太平洋夥伴全面進步協定」（CPTPP），深化與太平洋周邊國家的經貿關係。在日本積極增加防衛預算、強化半導體供應鏈上的關鍵地位，以及尋求日中經貿關係平衡發展的背景下，如何因應未來不確定的東北亞局勢，正成爲日本政府的最優先考量。

面對未來可能變局，日本如何重新平衡地緣政治與地緣經濟的關係，也將是撬動東北亞乃至整個東亞勢力板塊的重要槓桿。

日本海是東北亞最重要緣海，控制了日韓朝俄中五國的海上貿易線。圖為日本海航道上的液化天然氣運輸船。

南韓眼中的東北亞

新世紀的南韓，正從「隱士之國」，轉變為「中等強國」。日本殖民，形塑南韓民族認同和與外交政策基因；韓美同盟，給予國家安全保障。南韓試圖讓自己成為中等強國，不只具備區域影響力，還參與全球治理。

文／董思齊（台灣智庫副執行長）

南韓眼光一

日本殖民，形塑南韓民族認同

朝鮮半島位於東北亞的核心地帶，既是大陸與海洋勢力交匯之處，也是歷史上各大國角力的重要場域。十九世紀末，西方將李氏朝鮮形容爲「隱士王國」（The Hermit Nation），表面上看來與世無爭，實際上其統治階層正處於清帝國、日本與俄國等列強的壓力下，竭力維持自主。這種看似政治上的冷漠，實則是**「事大主義」**觀念下對地緣政治現實做出的戰略選擇。

一八九七年，隨著大韓帝國的成立，韓民族宣告進入現代主權國家的行列，但這一進程隨著一九一〇年日本的吞併戛然而止，並開啓長達三十五年的殖民統治時期。這段歷史成爲南韓民族認同和其後來外交政策基因中的重要組成部分。

一九四五年，二戰結束後，朝鮮半島脫離日本統治而獲得解放，但南北韓的分裂成爲現代歷史中最具決定性的事件。雅爾達會議後，朝鮮半島沿三十八度線

名詞解說

事大主義

出現在屬邦與宗主國之間的朝貢秩序。小國憑自己國立很難抵禦外侮，遂服從大國以保存自身的意識形態。朝鮮半島李氏王朝的外交政策以服侍中國明朝為主，琉球國也接受中國皇帝的冊封。

劃分，由美國和蘇聯分別託管，最終促成一九四八年「大韓民國」與「朝鮮民主主義人民共和國」分別獨立建國。這一分裂局面在一九五〇年韓戰爆發後進一步固化，雖然一九五三年達成停戰協議，但朝鮮半島南北對峙局面一直延續至今，並深刻影響著南韓的國家安全政策與外交戰略。

南韓眼光二

韓美同盟，對外政策基石

南韓地處東北亞，北鄰北韓，東隔海臨日本，西隔海對中國，這種特殊的地理位置使其既成爲美國在亞洲的重要戰略據點，也成爲連接中國與日本的樞紐。面對來自北韓的軍事威脅，南韓依賴美國的安全保障，這一現實使「韓美同盟」成爲南韓對外政策的基石。

然而，隨著中國崛起及中美競爭日益激烈，南韓需要在美中兩國之間巧妙平衡，以維護其國家利益與朝鮮半島的穩定。這種微妙的外交平衡反映出南韓對國際局勢變遷的高度敏感性，以及其因應大國政治的靈活性。

冷戰時期，南韓的外交政策深受美蘇對抗格局的影響。在北韓共產主義威脅和美國支持下，南韓確立其堅定反共主義立場，將自身定位爲自由民主世界的一部分。

隨著冷戰結束，全球政治環境發生劇變，南韓的外交政策逐漸轉型。蘇聯解

名詞解說

陽光政策

前南韓總統金大中所提出，藉以和平處理朝鮮半島上持續分裂對立的局面。陽光政策主張南韓無法容忍北韓的武力挑釁，但南韓也不會試圖合併北韓，只會積極尋求雙方的合作之道。

中等強國合作體（MIKTA）

由墨西哥、印尼、南韓、土耳其、澳洲五國所組成的國際非正式夥伴關係，於二〇一三年由南韓發起，旨在提高五國的治理能力，並擁有主導世界和平與繁榮的力量。

體、東歐共產集團瓦解，南韓開始重新審視其國家定位與對外政策方向。

取代「安全」，「統一」成爲戰後南韓政府的最大戰略目標，尤其是在金大中總統提出的「陽光政策」下，南韓試圖通過和平交流與經濟合作來改善南北韓關係。這一政策代表著南韓對其民族命運的重新思考，並試圖在東北亞地區構建和平共處的局面。

南韓眼光三
中等強國，展現國際事務領導力。

進入二十一世紀後，南韓在國際舞台上的地位逐漸上升，其外交政策也開始從過去專注於四大周邊國家（美、中、日、俄）的「四強外交」，轉向更加全球化的戰略佈局。

隨著南韓經濟的快速增長及韓流文化的國際影響力擴大，南韓試圖轉化自身成爲一個具區域影響力的「中等強國」（middle power），同時透過積極參與全球事務，特別是在經濟領域透過自由貿易協

南韓化身中等強國，外交、經濟、科技、娛樂等在全球都具舉足輕重的影響力。台灣人愛用的通訊軟體 LINE 即由南韓 Naver 集團所開發，首爾明洞購物街商店前擺著 LINE 卡通人物雄大的大型公仔。

定（FTA）與多邊合作機制來提升南韓的國際地位。為了凸顯其中等強國的角色，南韓邀請墨西哥、印尼、土耳其及澳洲等國組成**「中等強國合作體」**（MIKTA），展現南韓在國際事務上的領導與協調能力。

近年來，南韓更積極表態地提出自身對區域發展的願景。文在寅總統執政時期，他提出「朝鮮半島司機論」，意圖強化南韓在南北關係中的主導地位，並推出「新北方政策」及「新南方政策」，致力於擴展南韓的外交觸角，減少對美國的依賴，並尋求與俄羅斯、中亞、東南亞國家的多元合作及對朝鮮半島統一議題上的支持。文在寅政府還試圖在南北韓問題上，推動更多自主性的對話與合作，強調南韓不應再是美朝關係的被動接受者，而應在半島問題上扮演更加積極的主角。

南韓眼光四
美國軍事盟友，中國貿易夥伴

隨著尹錫悅總統上台，南韓的地緣戰略亦隨之有所調整。尹錫悅推動南韓版的《自由、和平、繁榮的印度—太平洋戰略》**，強調南韓應在全球事務中扮演更加開放與積極的角色，並繼續強化與美國、日本等傳統盟友的合作。**這一外交轉向標誌著南韓在應對中國崛起與美中競爭中的戰略調整，試圖通過更加緊密的盟友關係來鞏固其國家安全，同時也在國際事務中尋求更大的話語權。

名詞解說

《自由、和平、繁榮的印度—太平洋戰略》(Free and Open Indo Pacific Strategy)

南韓首次針對印太地區提出的發展方針。二〇二二年南韓外交部長朴振公布的印太戰略報告書，闡述南韓因應亞太地區秩序建構、法治、人權、反恐合作等主張，強調追求共同價值之下的區域合作

釜山除了是南韓重要海軍基地所在，也是美國海軍駐南韓司令部所在地，美國海軍航空母艦和核能潛艇都停靠釜山海軍基地。

即便進步派與保守派政府的路線或有差異，但在當前全球局勢錯綜複雜的背景下，南韓的外交政策仍試圖保持高度的靈活性與戰略智慧。美國仍然是南韓最重要的軍事盟友，但中國作爲南韓最大的貿易夥伴，其經濟影響力和軍事力量亦不容忽視。

也因此除了在東北亞地區維持某種程度的戰略平衡，南韓還積極參與全球性議題，特別是在氣候變化、公共衛生和永續發展等問題上，展現出強烈的國際責任感。這不僅是南韓外交政策的具體實踐，也是其作爲「中等強國」在國際事務中承擔更多責任的一種體現。通過積極參與全球性議題，南韓希望擴大其國際影響力，並在全球治理中發揮更大的作用。

南韓從「隱士之國」到「中等強國」的崛起，不僅體現了其在國際舞台上的角色轉變，也反映出其外交政策隨著全球政治變遷而不斷調整的歷史進程。**在面對未來的國際挑戰時，南韓需要繼續在複雜的地緣政治格局中維持其外交靈活性，並積極參與全球性議題，以確保其在東北亞及國際社會中的重要地位。**

北韓眼中的東北亞

在北韓眼中，東北亞是民族主義與地緣政治交織的「淨土」維護戰。她認為「朝鮮半島」是歷史和民族的認同，南韓為美國的「傀儡政權」，中俄是潛在威脅。

文／董思齊

北韓眼光一

朝鮮民族純潔性，南韓是敵對國戰爭狀態

北韓對外界的看法與其獨特的歷史經驗、民族認同、對國家安全的關注緊密相連。這種視角深受「朝鮮民族純潔性」的理念影響，而這個民族主義框架不僅塑造了北韓的內部敘事，也支配了其對外政策。

對於北韓而言，所處的半島應稱爲「朝鮮半島」，這不僅是地理上的表達，更是一種歷史和民族的認同。北韓強烈主張「朝鮮民族」是這片土地上唯一合法的民族，並認爲南方的「大韓民國」政權是帝國主義勢力、特別是美國的產物。

在這個框架下，北韓從建國以來便一直努力統一半島，最初使用「南朝鮮」來稱呼南韓，以表達對統一的追求。然而，隨著歷史進展，北韓對南韓的稱謂和政策也有所調整。

在二〇二三年十二月，北韓領導人金正恩於朝鮮勞動黨第八屆中央委員會第

名詞解說

朝鮮勞動黨
是北韓唯一的執政黨，現任最高領導人是任職朝鮮勞動黨總書記的金正恩，該黨中央政治局常委會由金正恩、崔龍海、趙勇元、金德訓、朴正天、李炳哲六人所組成。

2023 年金正恩參訪海參崴，身旁保鑣防衛森嚴，這是他罕見出國。國際政壇盛傳金正恩有多個分身，所以每次露面時長相都略有不同。

九次全體會議擴大會議上，宣布北韓與南韓之間的關係已經不再是同族或同質的關係，而是完全固定爲敵對國家之間的戰爭狀態。

隨後，他在二〇二四年一月的第十四屆最高人民會議第十次會議中，正式以「大韓民國」稱呼南韓，這一轉變標誌著北韓在金正恩領導下採取了比其父祖更爲強硬的立場，並進一步強調北韓作爲擁核國家的地位。

北韓眼光二
懸崖戰術，維護最純潔的民族

北韓的民族主義根基深植於其領導人對「朝鮮民族」純潔性的高度重視。這一理念可以追溯到北韓開國領袖金日成，他將自己塑造成抗日英雄，並以此確立其領導地位。**金日成的革命鬥爭故事，尤其是他在白頭山一帶的抗日活動，被北韓宣傳機構描繪成朝鮮民族光榮歷史的一部分，而金日成的後代繼承了這一象徵著民族純潔的「白頭山血統」。金氏家族因此被視爲朝鮮革命的繼承者，具有「天然的」領導正當性。**

北韓的宣傳機構強調，朝鮮民族是「世界上最純潔的民族」，不僅擁有悠久的歷史文化，還在面對帝國主義侵略時展現出強大的抵抗精神。對北韓而言，這一純潔性遭受來自美國及其「傀儡政權」南韓的威脅。**美國被描繪成帝國主義的代表，對朝鮮民族的純潔性構成了直接威脅，而南韓則是美國勢力的延伸。因此，北韓始終將自身視爲這片「淨土」的守護者，並不斷強調抵抗外來勢力的必要性。**

北韓的國家安全政策與其對周邊局勢的認知密切相關。朝鮮戰爭停戰後，北韓一直處於與美國及其盟友的敵對狀態之中，這種敵對關係成爲北韓內外政策的核心。

在北韓看來，駐韓美軍是其國家安全的重大威脅，這種認知深刻影響了北韓的內部教育和宣傳。在這樣的背景下，北韓不僅要求美軍撤出朝鮮半島，還強烈反對韓美軍事同盟，並視之爲阻礙朝鮮半島統一的主要障礙。

在冷戰結束後，北韓失去了來自蘇聯的經濟援助，導致經濟困難和飢荒，但金正日通過「先軍政治」加強了軍隊的主導地位，並開始推動核武開發。**這一戰略被稱爲「懸崖戰術」，即通過升高地區衝突的風險來迫使國際社會進行談判並提供經濟援助。核武器不僅是北韓對抗美國和南韓的核心工具，也是維護政權穩定的關鍵。**

名詞解說

先軍政治

屬於北韓的一個政治理論，由朝鮮勞動黨中與主體思想並行的重要意識形態所構成，該理論是「金日成金正日主義」的主要部份之一，其內容大致可歸納為「在國家事務中，一切工作以軍視為先、以軍事為重」，至今北韓仍以該理論為政治與生活當中的唯一指導方針。

戰略模糊

是一種外交政策，其特點為透過模稜兩可的政策論述對國際事務表達關切，但又不直接點明真正意向，這種策略建立於威懾理論之上，而與之相反的策略則稱作戰略清晰。

俄烏戰爭

二〇一四年起，俄國與烏克蘭之間一場持久混合戰爭，俄國首先併吞克里米亞，並且在頓巴斯地區策動親俄團體發起武裝叛亂，反抗烏克蘭政府。直至二〇二二年，俄國對烏克蘭發動全面入侵，導致俄烏衝突重大升級。

北韓眼光三

中俄是戰略機遇，也是潛在威脅

金正恩上台後，進一步鞏固了北韓的核武地位，並在國際舞台上展現了更加靈活的外交手段。他通過展示北韓的現代軍事技術，特別是導彈與核武試驗，強化了北韓作為地區主要軍事力量的形象。同時，金正恩也展現出追求國際話語權的企圖，試圖在美中俄之間尋找外交空間。

北韓與中國、俄羅斯的關係歷來複雜。雖然地理位置接近，並且在歷史上有著深厚的盟友基礎，但北韓並不完全依賴這兩個大國。對於北韓而言，與中國和俄羅斯的關係既是戰略機遇，也是潛在威脅。

中國是北韓最重要的經濟夥伴和外交支持者，但北韓對中國的「戰略模糊」政策感到不安，擔心在中美競爭中自己的利益會被犧牲。

在這種不確定的背景下，北韓積極尋求外交自主性，試圖在中美兩大國之間取得平衡。這種策略表現出北韓對外政策的靈活性與實用主義，金正恩多次利用中美之間的矛盾來擴大北韓的談判空間，提升國際影響力。

與此同時，隨著俄烏戰爭的長期化，北韓逐步加強了與俄羅斯的經濟和軍事合作，特別是希望通過俄羅斯獲得技術與資源，以突破來自西方的封鎖。

南北韓政治與經濟情勢交互影響，2011 年北韓領導人金正日去世，南韓股市並未出現慶祝行情，反而重挫，市場擔心北韓核心將出現權力鬥爭，不確定氣氛瀰漫著朝鮮半島。

北韓眼光四
靠核武維護政權，靠外交周旋中美俄

從地緣政治的角度來看，北韓認爲自己是東北亞不可忽視的重要力量。在這個地區，歷史、經濟與軍事力量交織，形成了複雜的權力平衡。北韓不僅需要應對來自美國和南韓的軍事壓力，還必須在中美兩國之間尋求自主權。在這樣的背景下，北韓將核武開發視爲保護自身安全的重要籌碼，也是一種地緣政治博弈的手段。

隨著朝鮮半島局勢的不斷升溫，中美貿易戰的加劇，以及俄烏戰爭對全球局勢的影響，北韓愈發強調自身在東北亞的戰略價值。這不僅是其生存與發展的關鍵，也是一種尋求國際承認與話語權的方式。

在這一過程中，北韓一方面通過展示軍事力量維護自身政權的穩定性，另一方面也嘗試利用周邊大國之間的矛盾來提升自己的談判籌碼。

也因此，北韓眼中的東北亞是一個充滿挑戰與機遇的地區。這個地區的歷史和現實，深刻影響了北韓的外交策略與國家安全政策。北韓不僅依靠核武器來維護政權的穩定性，也通過靈活的外交手段在中美俄三國之間尋求平衡與生存的空間。

在這個過程中，北韓對朝鮮民族純潔性的強調以及對外來勢力的警覺，使其在東北亞地區的行爲邏輯更加鮮明，形成了其獨特的國家觀點。

北韓對執政的金氏家族進行個人崇拜，在平壤可看到金正日和金正成的大幅畫像。

俄羅斯眼中的東北亞

俄羅斯「東向戰略」快速成形，朝鮮半島成為一盤靈活棋局，充滿地緣操作空間。未來若中俄在海參崴軍事合作，東北亞地緣政治將走向翻天覆地。

文／張孟仁（輔仁大學義大利語文學系副教授兼系主任、外交暨國際事務學程召集人）

俄羅斯眼光一
從西方傾向，到東向戰略

俄羅斯是當今國際體系中的重要大國，其對外政策是塑造國際秩序的重要因素。

蘇聯解體後的俄羅斯外交大致可劃分爲三個主要階段：一九九二年至一九九五年以俄國外長柯茲列夫（Andrei Kozyrev）爲代表所執行所謂「一邊倒」的外交政策；一九九六年至一九九九年以普利馬可夫（Evgeniy Primakov）外長爲代表推行東西方並重的所謂「全方位」外交政策；普丁（Vladimir Putin）總統在二〇〇〇年登上權力舞台以來，開始重視**獨立國家國協**，並強調在東西方間更加平衡的外交政策。

早期，東北亞政策並非俄羅斯傳統的外交重心，她主要在與中日朝等國的交往基礎上，把重心主要放在與中國的經貿、能源與軍事合作，以及和日本的北方

名詞解說

獨立國家國協

蘇聯解體前夕，由原蘇聯加盟共和國成立的一個國家聯盟，總部設在白俄羅斯首都明斯克。但波羅的海三小國未加入，喬治亞、土庫曼、烏克蘭先後退出。

四島領土糾紛。

俄國亞太政策的主要目標是極力融入亞太區域經濟體系，發展俄國遠東地區經濟，並積極參與亞太整合，確保俄國能成爲制定遊戲規則的參與者。早期俄國忽視亞太地區的重要因素是她傳統上採取「西方傾向」，不過進入二十一世紀，國際秩序由「以西方爲中心」向「以亞太地區爲中心」變遷，二○一四年俄羅斯在併吞克里米亞後採取「東向戰略」，彰顯她在適應這一新秩序變化所做出的必要回應。

俄羅斯眼光二

歐巴馬再平衡，促俄以新角色入東亞

普丁在二○一二年提出轉向亞洲（Pivot to Asia）的政策，積極拓展與亞洲各國的經貿交往與軍售，只是當時在東北亞俄羅斯卻沒有相對應提升太平洋艦隊的戰力，直到普丁在二○二○年宣布海軍將新添四十艘各式船艦，其中有十五艘將納入位於海參崴的太平洋艦隊。

俄羅斯「東向戰略」快速成形，肇因於二○一四年美日抗衡「中」俄的東亞新戰略格局逐漸清晰。歐巴馬政府對中國採取「再平衡」戰略，迫使中國增加國防預算之餘，轉而強化與俄羅斯的戰略夥伴關係；同時，美國面對烏克蘭及克里米亞問題的立場，也促使俄羅斯往中國靠攏；日本因釣魚臺爭議與中國無解，

名詞解說

東方經濟論壇

俄羅斯從二○一五年開始，每年在海參崴遠東聯邦大學舉辦國際論壇，且每年都會設定一個全新主題，試圖建立和加強俄國與全球外資企業之間的聯繫。

和俄羅斯有北方四島爭議，致使中俄聯手對抗美日安保的東亞戰略格局持續。

俄羅斯以新角色加入東亞，並且把遠東當做戰略要地，使得她的遠東戰略價值迅速提升，形成俄美中在亞太地區角力的局面。普丁政府在遠東地區設立「跨越式發展區」與舉辦**「東方經濟論壇」**等活動，推動亞太地區國家在俄羅斯遠東的投資。普丁政府視遠東開發為「東向戰略」的關鍵。俄烏戰爭促使俄羅斯轉向重視亞洲。二〇二四年九月中國國家副主席韓正就在海參崴出席「東方經濟論壇」，並與俄羅斯總統普丁會晤。

俄羅斯眼光三
朝鮮半島是一盤棋，但防中立場鬆動

俄羅斯原本在東北亞保持和中國既競爭又合作的態勢，各自支持關鍵國家，也適時彼此競爭，保留資源技術提防對方壯大。

以朝鮮半島南北對峙的狀態爲例，對於俄羅斯而言，都是一組可以靈活運作的棋子，無論統一或繼續分裂，都

海參崴金角灣是天然不凍港，海灣呈喇叭狀，港區內可同時停靠軍用與民用船隻。

有地緣操作的空間。對北京來說，唯有保持朝鮮半島的分裂，才是最佳的選擇；讓中國主導朝鮮局勢，牽制美國，俄羅斯反而能提供日本與南韓平衡的槓桿角色，有利於俄羅斯在東北亞的布局。

無論對日本、南韓的關係發展、對北韓的背後支持，俄羅斯的核心思考還是在分散來自美國的壓力。

俄羅斯因俄烏戰爭面對西方圍堵制裁，爲爭取中國奧援，以往提防中國的立場開始鬆動。美國副國務卿坎貝爾（Kurt Campbell）宣稱握有證據，北京正在向莫斯科提供「非常實質」的幫助，作爲回報，俄羅斯將移交嚴密保護的潛艇和導彈軍事技術給中國。

過去，莫斯科一直對向北京提供最新的軍事技術持謹慎態度，如今已有變化。此外，二〇二三年五月，中國海關總署宣布，同意增加俄羅斯海參崴港爲內貿貨物跨境運輸中轉口岸，這也可看成俄羅斯對中國被迫做出讓步的一部分。

海參崴是深水不凍港，大噸位的船，無論是民用或軍用都可以進去，對於中俄在地緣軍事上的意義，絕對遠遠大於任何經濟層面，未來中俄一旦在海參崴展開軍事合作，必定爲東北亞整個地緣政治帶來翻天覆地的影響。

尤有甚者，二〇二四年九月俄羅斯外交部發言人提到，倘若美國在日本部署飛彈，莫斯科和北京將以「雙重反制行動」回應美國的**「雙重圍堵」**；若面臨美國威脅，俄中可能會「結合潛在能力」。

名詞解說

雙重圍堵（dual containment）
美國在冷戰所建立的外交戰略，主要在圍堵共產主義和共產主義陣營，概念是由前美國外交官凱南所提出。中國崛起後，美國雙重圍堵政策主要聚焦在中國和俄羅斯兩個國家。

國際刑事法院（International Criminal Court）
二〇〇二年正式成立，設址於荷蘭海牙，與審理國家爭端的聯合國國際法院不同，國際刑事法院有權起訴滅絕種族罪、危害人類罪、戰爭罪、侵略罪等。

俄羅斯眼光四 對中依賴日深，補布局朝蒙

俄中的「類結盟」不僅美國擔憂，日本為求力抗中俄，二〇二五年國防預算已突破八兆日圓（約台幣一．九兆元）。**中國和俄羅斯近年來在日本附近加強軍事合作，促使日本需要有所提防作為。**

俄中進一步的合作還包括推進北極航線航運開發相關各領域合作，包括研究建立合作機制，可從二〇二三和二〇二四年定期會晤與會後簽署的聯合公報看出，開發此一航道已成為中俄合作的重中之重。

不過，俄羅斯面對中國日益加深的依賴，仍積極開拓其他關係。二〇二四年六月，俄羅斯與北韓在平壤簽署了《全面戰略夥伴關係協議》，規定當任何締約方遭受侵略時，另一方將向其提供援助。值得一提的是，北韓領導人跟中國關係漸行漸遠，拉攏俄羅斯撐腰，而俄羅斯正需要「抗美」國家互取所需。此外，普丁無懼**國際刑事法院**的逮捕令，執意前往蒙古進行國事訪問，正可看出普丁積極鞏固中國之外的盟友。

俄羅斯在國土最東極的楚科奇半島建立阿納德爾港，積極布局北極航線與貨運。

整體觀之，俄羅斯藉由與北韓的全面戰略夥伴關係，已經算是插手朝鮮半島事務，這一來引起中國的疑慮，二來迫使日韓破冰攜手，俄羅斯捲入東北亞的地緣衝突的可能性大增。

另一方面，儘管俄羅斯與中國在東北亞有共同利益與矛盾，但隨著俄羅斯急需中國奧援，釋出以往不願對中國開放的利益，再加上美國對中國的戰略擠壓，俄中雙方只會走得更近。**未來，俄中在北極海融冰後的航道聯手，肯定更增添與美日之間的地緣利益矛盾。**

北韓派兵前往俄烏戰場

2024 年北韓派兵前往俄烏戰場，加入戰局，引來國際社會譴責，因為此舉等於將歐亞大陸東西兩側的火藥庫串在一起了。若是朝鮮半島引信也點燃，全球將可能瞬間從「新冷戰」轉變成「新熱戰」，核戰發生的可能性也大大提高。

俄烏戰爭十分敏感，即使俄羅斯最緊密的夥伴白俄羅斯也未曾出兵相助，中國亦只是私下物資支援。原先外界認為，朝俄《全面戰略夥伴關係協議》是讓俄羅斯重新將勢力伸進北韓；但北韓出兵則顯示，俄羅斯的算盤可能打得更精、更深入。

北韓派兵已違反聯合國安理會決議，而俄烏前線開始出現北韓逃兵，亦值得玩味。

庫頁島戰略位置重要，俄國軍隊加緊在鄂霍次克海周邊部署軍力，並在庫頁島海灘舉行軍演。

澳洲眼中的東北亞

同為島鏈防線，澳洲重視與東北亞的經濟與安全連結。尤其，中俄擾動東北亞地緣春水，澳洲必須強化參與美國主導的雙邊或多邊安全機制，否則唇亡齒寒。

文／黃恩浩（國防安全研究院國防戰略與資源研究所副研究員）

澳洲眼光一

從忽視中國崛起，到在意中國擴張

在千變萬化的國際安全環境中，國家利益一直是國家行爲者之間互動、對話與衝突的主要基礎。在維護國家利益的前提下，國家爲了生存，若不是以追求「安全」爲目標，就是以追求「權力」爲目標。

就澳洲而言，東北亞對澳洲的重要性不僅限於區域經濟貿易的安全建構層面，更包含了國防安全與區域穩定的權力平衡層面，這主要是因自澳洲十九世紀初獨立以來，國家利益就與亞洲安全穩定相互依存，尤其是東北亞。澳洲是一個中型國家，爲了確保國家安全，與強權結盟並追求外交多邊主義，是澳洲追求國家利益的關鍵作爲。

東北亞局勢與中國快速崛起息息相關，中國的政治、經濟、軍事與文化影響力在亞洲擴張，不僅挑戰美國自二戰結束以來全球霸權的角色，也讓美中兩國外

名詞解說

前進部署 (forward deployment)

意指軍隊預先在已建立的盟軍戰線之外占據陣地，近年來美國在印太地區建構「網狀安全架構」，此一架構之目的是發展「前進部署」的新概念與做法，因應中國打擊能力的大幅提升，美國有必要發展分散、動態、靈活與韌性的兵力態勢。

交關係升級到緊張的戰略競爭關係，而這也影響到澳洲對東北亞的態度與政策。

例如，比較澳洲二〇〇三年與二〇一七年兩份「外交政策白皮書」，就可發現一個重要且明顯的轉變，澳洲不僅將其國家定位從一個歐洲國家轉向亞洲國家（一個跨印度與太平洋的國家），外交政策也從忽視中國崛起，轉變爲相當在意中國擴張所帶來的威脅，連帶地，影響到近期澳洲國防的「**前進部署**」（forward deployment）與二〇二四年「拒止戰略」（strategy of denial）的規劃。

澳洲眼光二

經濟與安全兩層面，澳洲布局東北亞

從澳洲大戰略角度，自一七八八年英國殖民澳洲開始，到一九〇一年成爲獨立國家，再到二次大戰爆發，澳洲在國際關係層面都是依附於英國的外交政策路線。但二戰結束，歷經冷戰，澳洲對外政策開始轉向追隨美國的外交政策。

迄今爲止，美國在西太平洋的外交、經濟與軍事的戰略布局，仍影響著澳洲大戰略方向。例如：美國歐巴馬時期的「亞洲再平衡」政策、川普和拜登時期的「印太戰略」等，都影響澳洲甚巨。

澳洲面對東北亞局勢的作爲，可分爲經濟與安全兩層面來探討。

在經濟方面，主要是尋求確保不被孤立於東亞經濟圈之外，積極在區域上與中日韓台等國發展密切經貿關係，如參與「**亞太經合會**」、「跨太平洋夥伴全面

名詞解說

亞太經合會（Asia-Pacific Economic Cooperation, APEC）

全稱為亞太經濟合作會議，設立於一九八九年，旨在促進亞太地區的經濟合作與貿易投資，現有二十一個成員經濟體，總GDP占全球六〇%。

進步協定」、「印太經濟架構」與「自由貿易協定」等。

在安全方面，主要是與美日發展緊密的區域安全與國防軍事合作，例如與美國的「澳紐美安全條約」、「五眼聯盟」與「澳英美三方安全夥伴關係」等；與日本的「安全保障共同宣言」、「全面戰略、安全與經濟夥伴聯合聲明」、「物資勞務相互提供協定」、「情報分享協定」、「防衛裝備及技術轉移協定」、「互惠准入協定」等；以及與美日雙方同時參與的「四方安全對話」、「印太戰略」、「環太平洋」聯合軍事演習等。

澳洲眼光三
島鏈防禦，澳洲採雙邊與多邊軍演

就澳洲與南韓的安全關係而言，儘管澳韓安全關係的密切程度不及澳日緊密，但澳韓安全關係從二〇二一年後開始有逐漸升溫的趨勢。例如，雙方同意建立「全面戰略夥伴關係」，共同應對新冠疫情與疫情後經濟重建、參與聯合軍事訓練與演習，以及支援國防科技與後勤合作等。

日本海上自衛隊軍艦航行在澳洲雪梨港。

由於東北亞是美國部署西太平洋島鏈防禦的關鍵地區，其中以美國與日韓安全關係最為重要。雖然日韓同時都面對來自中國、北韓與俄國的軍事威脅，但是雙方關係卻因二戰所遺留下來的歷史問題（殖民、賠償、領土）未達成協議，而時好時壞。

但面對俄烏戰爭爆發、北韓軍事挑釁與中國步步進逼的挑戰，日韓自二〇二三年才在促進共同安全的議題上逐漸改善關係，暫停許久的「韓日軍事情報保護協定」也隨之恢復。更甚者，在美國印太戰略的推促下，美日韓三國同盟關係因此日益緊密，並在二〇二四年六月三方首次舉行**「自由之刃」聯合軍演**，積極建構聯盟嚇阻能力、維護東北亞安全不言而喻。**對於東北亞的安全，澳洲近年也頻繁參與美澳、日澳與澳韓等雙邊或多邊軍演**。

澳洲眼光四

唇亡齒寒，澳洲態度不會改變

自俄烏戰爭爆發以來，中俄軍事合作與聯合演習備受關注，兩國不僅持續在「上海合作組織」框架內進行「和平使命」系列陸上演習，也積極擴大「海上聯合」系列演習，地點從俄國周邊的地中海、波羅的海，到中俄周邊的日本海，再擴大到中國周邊的黃海與東海等海域，兩國並於二〇二四年七月首度在南海舉行「海上聯合 -2024」演習。

名詞解說

「自由之刃」聯合軍演

二〇二四年，美國、日本、南韓在濟州以南公海舉行大型聯合軍演，涵蓋海域、水中、空域、網域等多個領域，包括反彈道導彈作戰、反潛作戰、防空作戰以、網路作戰防禦等訓練。軍演期間，北韓也提出抗議，並且試射導彈。

華盛頓北約高峰會

為紀念北約成立七十五周年，二〇二四年，北約與歐盟的三十二個成員國，齊聚美國華盛頓特區舉行北約高峰會，正式名稱為「烏克蘭與跨大西洋安全」，會中強調北約針對危及全球和平與民主的威脅所作出的反應，並譴責俄羅斯入侵烏克蘭、北韓軍隊部署俄羅斯以及北韓供給武器在俄羅斯前線等破壞和平的行動，該會也討論中國構成的威脅與印太地區的安全局勢。

對此，於二〇二四年七月，澳洲、紐西蘭、日本與南韓等國共同參加在美國以「烏克蘭與跨大西洋安全」爲名舉行的華盛頓北約高峰會，意味著以北約爲中心、由美國主導的軍事戰略合作正向全球擴大，其目標不外乎就是爲因應中俄兩國對區域造成的安全挑戰。面對中俄海參崴協議、中蒙陸軍聯合軍演、中國在周邊海域的軍事行動與灰色地帶作爲，以及北韓在朝鮮半島的挑釁行爲等，似乎只有強化以美國爲中心的印太戰略與島鏈防衛才有辦法維護東北亞區域秩序與安全。

澳洲是美國印太戰略與島鏈防衛的重要環節，雖然澳洲位於第二島鏈南端的南太平洋區域，並不會直接受到東北亞地緣政治變化的衝擊，但是澳洲仍積極參與美國主導的雙邊或多邊軍事安全合作，因爲東北亞的繁榮和穩定與澳洲的經貿和安全利益是唇亡齒寒的關係。

長期來看，東北亞是澳洲維繫經貿發展與國家安全的重要地區，例如：中國從二〇〇七年起就成爲

澳洲與日本同屬島鏈防線，近年積極擴展遠洋海軍力量部署，其中坎培拉級兩棲突擊艦為建構主力。圖為舷號 L02 的坎培拉號。

澳洲最大進出口貿易夥伴，澳洲近期與中國、日本、南韓與台灣的經貿關係亦正在蓬勃發展中。再者，澳洲與美日韓的軍事安全合作關係，可謂是澳洲建構國家安全的重要支柱。

儘管中國影響力擴張對澳洲的威脅是顯而易見的，但與中國交惡並不符合澳洲利益，所以澳洲與中國維持經貿互動的同時也強化參與美國主導的雙邊或多邊安全機制，此澳洲目前的態度與作爲在短期內並不會改變。

澳洲，美國的太平洋副警長

澳洲位居第二島鏈南端，自詡是美國在太平洋地區的副警長。

副警長從冷戰時期即在美國的圍堵戰略上發揮「職能」，近年中國在東海與南海擴軍、俄羅斯在西太平洋進行聯合軍演，威脅迫近澳洲，副警長的行動也就變得更加積極。

2024年澳洲舉辦「漆黑」空中聯合軍事演習，正值台海危機升級與中俄靠攏之際，東北亞的日本、韓國均首次參與，軍演凸顯出澳洲的戰略主動性。

澳洲皇家安札克級巡防艦航行於日本神奈川縣橫須賀港附近。

歐盟眼中的東北亞

歐艦紛紛東來，歐盟考慮秀肌肉捍衛航行自由。東北亞局勢漸趨複雜，但經濟的未來在亞洲，歐盟與東北亞理念相近的國家必須綁在一起，分散對美中依賴。

文／張孟仁

歐盟眼光一

東北亞安全穩定，符合歐盟利益

歐盟在東北亞有重大直接經濟利益，雙方經濟相互依存程度已達到非常顯著的程度。東北亞安全與穩定是該地區經濟持續成功的先決條件，區域安全的威脅直接關係到歐盟的利益。

東北亞地區向來以其特殊的政治、經濟、軍事、文化複雜性而著稱。

政治上，日韓俄蒙的資本主義制度與中朝的社會主義制度在此共存。經濟上，則包含了日韓已發展經濟體、中俄新興經濟體和朝蒙經濟欠發達國家。軍事上，中俄擁核強國、自稱擁核的北韓、擁有強大海軍的日韓，也都集中於此。

中國的崛起從根本改變了東北亞格局和世界地位，使得東北亞經濟總量從二○一四年約占全球經濟總量五分之一，迅速增長到占近三分之一，而且東北亞對全球經濟成長的貢獻率也占了接近一半，是全球經濟增長的主要驅動力。

名詞解說

面向新亞洲戰略 (Towards a New Asia Strategy)

由於東亞經濟成長飛躍快速，引起歐洲各國對東亞經濟發展的高度重視，歐盟執委會在一九九四年七月發布「面向新亞洲戰略」，該戰略主張應制定歐盟與東亞各國之間經貿與政治往來的新策略，其後新加坡總理吳作棟更提出歐亞高峰會的想法，呼籲歐盟與東亞各國應密切合作，進一步形成跨區域性的合作關係，使得東亞、北美與歐盟在世界經濟中構成新的三角關係。

設想一下，從南往北，歐洲外貿有四〇%必須經過台灣海峽，然後再到受到核威脅的東北亞，若亞太地區爆發戰爭，對歐洲的衝擊不堪設想。歐盟決策者已推演緊急情況，低調地加強與台灣合作。

從此可以看出，早期歐盟的亞洲政策是針對整個東亞，東北亞是被劃在東亞之中。從十六世紀末歐洲國家在東亞展開殖民行動，歐洲與東亞各國一直存有「宗主國」和「被殖民國」的不平等關係；直至一九八〇年代，東亞國家的出口急速擴張，造就傲人的「東亞金融奇蹟」，歐洲國家才正視其與亞洲區域的發展關係。

一九九四年歐盟出爐**「面向新亞洲戰略」**，代表歐盟對東亞經濟崛起的重視。之後，在二〇〇一年九月通過的對亞洲新政策《加強亞歐夥伴關係的戰略架構》。

歐盟眼光二

東北亞布局，納入整體印太戰略

整體觀之，早期歐盟經營東北亞的重心著眼於下列：一、促進該地區的和平穩定。二、加強雙邊貿易與投資。三、藉由促進發展解決亞洲貧困區的問題。四、積極倡導保障人權、良善管理統治、發揚民主與法治精神。五、與亞洲國家建立全球性的夥伴和同盟關係等。

經濟誘因自然是歐盟在東北亞最重要的考量，而經濟發展的前提莫過於安全

名詞解說

安全與國防戰略指南針 (strategic compass for security and defence)

二〇二二年，歐盟理事會批准《安全與國防戰略指南針》，將戰略目標設定為行動、投資、合作與安全，為歐盟提供有助於在二〇三〇年以前加強安全與防禦行動計畫。

及現狀的穩定。有鑑於此，捍衛東北亞的穩定即是歐盟以往和當前的挑戰。

作爲東北亞歷史最悠久的自由市場民主國家，日本與歐盟有著許多共同的價值，也是重要合作夥伴。自二〇一九年三月以來，歐盟改將中國稱爲「系統性競爭對手」和「經濟競爭對手」。南韓則是歐盟十大戰略夥伴之一，歐盟——南韓架構協議自二〇一四年六月起生效，爲戰略夥伴關係和全面雙邊合作提供了整體架構。此外，歐盟——南韓自由貿易協定（FTA）於二〇一五年十二月批准。

面對地緣政治挑戰，以及美中新冷戰成形，歐盟把東北亞布局被納入印太地區的一部分，從歐盟二〇二一年九月通過含括東亞、東南亞與兩岸關係的「歐盟版印太戰略」，就可看出端倪，歐盟與日本、南韓、台灣的合作都被寫入歐盟的印太戰略裡。

歐盟逐漸加強在印度—太平洋地區的存在與影響力，並擴大和區域內各行爲者的互動，加強歐盟參與、建立夥伴關係、加強有規則的國際秩序，並應對全球挑戰。歐盟也著手調整現有工具，來達到戰略自主。歐盟的**安全與國防戰略指南針**於二〇二二年三月獲得歐盟理事會正式批准，旨在促進開放和基於規則的區域安全架構，包括安全的海上路線和建設，以及加強在印度—太平洋地區的海軍存在。

歐盟執委會主席范德賴恩在二〇二四年七月表示，印太已是全球關鍵區域，歐盟將與面臨共同挑戰的日本、南韓、紐西蘭、澳洲攜手合作。

此外，烏克蘭危機對東北亞國家外交政策調整發生了影響。一方面，俄羅斯加強與中國合作；另一方面，美國借機推動美日韓三邊合作試圖共同制衡中俄。**歐盟在印太想要獨立於美中，主張戰略自主，雖不隨美國針對中國起舞，不過由於俄中關係「無封頂」，歐盟顧及安全問題，不得不仰賴北約擴張，並藉G7平台宣示台海穩定和支持烏克蘭等主張。**

歐盟眼光三

三層面，歐盟架構東北亞關係

鑒於美中對峙和俄烏戰爭影響愈演愈烈，歐洲和亞洲安全環境都發生巨大變化，歐盟對中國支持俄羅斯國防工業、中國對歐洲和跨大西洋安全影響，都懷抱著擔憂。

若以軍事外交的角度來看，歐盟在東北亞的布局分成三個層面：第一、在北約架構下與美國及日韓的互動。第二、歐盟整體和日韓的交流。第三、歐盟成員國分別和日韓的合作。

第一個層面是俄烏戰爭所引發的連鎖效應。導致美歐對抗俄羅斯、中國對俄國應援、俄朝結盟、日韓見狀靠攏美歐等一系列因果關係，最終形成「北約切香腸似的東向」以對抗中俄朝。

第二層面則是歐盟設法尋求戰略自主。恰與日韓亟欲西援相輔，合則兩利，

> **名詞解說**
>
> **航行自由 (freedom of navigation)**
>
> 國際習慣法中的原則，規定在公海中，懸掛主權國家旗幟的船舶不受其他國家的干擾。航行自由是為了保障商業與貿易船舶的航行，軍事航行則必須受《聯合國海洋法公約》約束，像是無害通過專屬經濟區，或是不能進行探測、潛艇活動等行為。

歐盟和日韓可分散對美國軍事的依賴，同時日韓可拉歐盟對北韓、俄羅斯形成壓力。基於這一點，歐盟尋求與日韓建立安全和國防工業夥伴關係，聯合開發軍事裝備，是歐盟首次與亞洲國家開展此類合作。換言之，歐盟希望擺脫對美國武器依賴，日韓則著眼於歐洲龐大軍火市場，雙方加強合作，共同應對朝俄。從時機來看，歐盟與日韓的合作，正值俄烏衝突僵持和俄朝關係提升之際。

歐盟眼光四

歐艦紛紛東來，歐盟考慮秀肌肉捍衛航行自由

第三層面是屬於歐盟個別成員國呼應歐盟的印太戰略，進行布署，鞏固經濟安全。舉凡荷蘭皇家海軍七省級護衛艦「特羅姆普」號（F803）在二〇二四年五月穿越台灣海峽。二〇二四年八月德國海軍艦艇與日本、美國、法國和義大利共同參與軍事演習。義國海軍航空母艦「卡富爾號」（ITS Cavour）在二〇二四年八月下旬首次靠泊日本，與日本海上自衛隊舉行聯合演習，與日本深化安全合作。義大利、日本、英國還協力共同發展第六代戰機。

法國海軍護衛艦「牧月」號在二〇二三年四月穿越台灣海峽，當時還強調法國是歐洲唯一主張在亞太地區**航行自由**的國家。日本與法國同意啓動談判相互准入協定以利軍事合作。日本和德國於二〇二四年一月達成一項軍事協定，促進物資交換和後勤支持，強化雙邊國防合作。**對於許多貿易立國的歐**

歐盟將中國視為系統性競爭對手，還對中國加徵電動車關稅，但中國純電動車產量已超過全球總量的一半，特斯拉還在上海設立超級工廠。圖為特斯拉汽車在中國車展上展示。

洲來說，促進印太地區穩定及確保此地區的航行自由，牽涉到經濟安全與國家命脈，不可不慎。

正因近年東北亞局勢漸趨複雜，而經濟的未來在亞洲，歐盟與東北亞理念相近的國家爲因應地緣政治的威脅必須綁在一起，彼此可以是分散對美中依賴的最佳對象。

如果東北亞國家地緣區發生衝突，歐盟會以規範性強權的角色先進行經濟制裁。至於軍事的支援，從上述主要歐盟成員國紛紛插旗日本進行合作，可研判歐盟也考慮秀肌肉捍衛航行自由。

德艦東來，歐洲外交新風向

2021 年德國派出巡防艦前來亞洲，隔年穿越衝突不斷的南海。距離上一次德艦東來，已時隔 19 年，這項突來的行動，被外界視為德國遲到 19 年的印太戰略表態。

德艦東來的目的，主要被認為有三個：重申自由航行權、強化與印太國家間的關係、對中國的態度變了。

德艦東來也代表歐洲國家的外交新風向：歐洲將如美國一般「重返亞洲」。2021 年 4 月法國派遣軍艦駛入南海；2021 年 8 月英國航空母艦戰鬥群以及隨行的荷蘭軍艦駛入南海，並穿越巴士海峽。北從東北亞，向南到台海、南海、東南亞、印度洋，都是歐洲亟欲確認國際權力是否平衡的區域。

歐艦紛紛東來，其中尤以二〇二一年德國布蘭登堡級巡防艦「巴伐利亞號」出航印太最受矚目。

5 當代東北亞現場

中美爭霸下，東北亞逐漸形成獨裁與民主兩大陣營。東北亞各國重新調整地緣戰略，「雙三角抗衡」逐步成型。

中美戰略對決、北韓積極發展核武、俄羅斯向東走、日韓歷史矛盾等問題，為東北亞發展的隱憂。核戰、日本解鎖憲法、東海衝突、經濟翻車，四隻黑天鵝隱然振翅，讓未來更加難測。

東北亞地緣政治正急遽轉變，想看清時勢，最簡單的方法就是從「現況」、「問題」、「未來挑戰與黑天鵝」、「問題可能解方」四大面向入手，環環相扣，掌握全局，洞見未來。

東北亞現況 雙三角左右全球政經最熱點

中美爭霸下，東北亞逐漸形成獨裁與民主兩大陣營。這兩大陣營如何在政治與經濟上聯盟？有各自存在著什麼內在矛盾？

文／陶雨融

名詞解說

美國核潛艇靠岸

二〇二三年七月，美國海軍俄亥俄級戰略核潛艇「肯塔基號」停靠南韓釜山港，南韓總統尹錫悅特別登艦發表談話。距離上一次美國戰略核潛艇來訪已時隔四十二年，此次靠岸被認為是美國將核威懾勢力伸入朝鮮半島，或美國將南韓納入核保護傘。

雙三角抗衡

大盤整，合作非堅不可破

有爭逐，就有盤整；有盤整，對爭逐之國來說都是贏得棋局的大好契機。

當代東北亞正迎接全球化消逝後的最大一次競逐，中美兩大強權自然不會缺席，日韓兩個民主國家也重新調整地緣戰略，日本積極脫離《安保條約》束縛，南韓逐漸加入島鏈防衛陣營，開放**美國核潛艇靠岸**。甚至連膠著於烏克蘭戰場的俄羅斯也重整原先東西兩側國土發展失衡的步調，表面上看似迫於現實向中國示好，事實上已藉由一連串的遠東行動，與北韓簽訂《全面戰略夥伴關係協議》，將影響力重新深入朝鮮半島。

在張弛氣氛中，中俄間的「瑷琿條約情結」再度被挑起，大變動、大盤整已穩定移動。

若以宏觀視角觀看東北亞情勢，最明顯的大局盤整表現在「雙三角抗衡」態勢上。亦即，中俄朝的「獨裁三角」對上日韓美「民主三角」，雙方不管是在地緣政治或地緣經濟上，都各自形成聯盟，試圖以銳角撬開對手內部的矛盾縫隙，也以鈍角張開己方最大防禦面積。

中俄朝蒙日韓六個國家GDP總和占了全亞洲GDP的七成以上，加上兩個三角形內部交織著歷史恩怨與利益提防，合作並非堅不可破，只要出現任何風吹草動，都可能影響區域安全，進而牽動全球經濟走勢。

試圖繞過歧見
五大因素牽引，合作只能達到緩衝效果

冷戰後的東北亞各國爲了降低衝突發生機率，曾積極忽略意識形態對立，著眼於經貿合作，例如，中日韓領導人峰會、中韓簽訂FTA、各國加入RCEP區域全面經濟夥伴關係協定等。這些合作機制有助於深化區域生產線的融合，也有利於各國擘劃經濟戰略。

東北亞兩大陣營對峙，「民主三角」具備經濟優勢。圖為日本東京都環狀山手線鐵路，肩負整個東京都洶湧的經濟動能。

即使中美貿易戰開打後，日韓與美國逐漸形成準三邊同盟，二〇二四年中日韓領導人峰會仍試圖繞開台海與朝鮮半島安全議題歧見，積極在保護供應鏈、應對人口老化、促進貿易、新興傳染病等具有共同點的議題上尋求共識。

南韓一直希望透過擴大區域合作和半導體發展，以求達到戰後經濟「第二次飛躍」。中國積極推動把首都北京、天津都含括在內的**「環渤海經濟圈」**合作，試圖讓中國的核心區域與東北亞布局緊緊綁在一起。

不過，東北亞終究很難逃脫外交摩擦的網羅，近年受到俄羅斯深耕、中國野心增強、北韓核子挑釁、日韓矛盾檯面化、美國強力布局軍事經濟安全網等五大因素牽引，中日韓領導人峰會再怎麼努力，都只有達到功能薄弱的緩衝器效果。

當前大國關係已不同於冷戰時期的兩極對抗，而是於競爭中存在著合作。日本北海道大學教授岩下明裕曾解析，一九九〇年全球爲蘇聯解體後的國際新秩序及區域聯盟發展（如北約東擴、歐盟誕生）感到興奮，對東北亞的關注也達到巔峰，希望東北亞也能在全球板塊的位移中朝和平的方向發展，但這種過度期待很快就被中國民主化停滯、北韓缺乏改革澆了一盆冷水。

新秩序潛流矛盾
歷史遠因，種下合作破口

見諸歷史，中國不能不提防美國。冷戰時期的一九七一年，美國前國務卿季

名詞解說

環渤海經濟圈

中國渤海周邊包含北京、天津、河北、山東半島、遼寧在內的經濟圈，被定位為中國北方對外門戶，以及帶動區域發展的火車頭，和長三角經濟圈、大灣區經濟圈（珠三角）、西三角經濟圈，一起列為中國四大經濟圈。

辛吉首次訪問北京時，面對中國的憂慮及仇日情結，直接安撫中國國務院總理周恩來「美國在東亞的軍事部署是全力防堵日本軍國主義」，但幾十年過去，美國在東亞的部署卻轉變成全力防堵中國軍事擴張。

日美合作，日本心裡其實存在著陰影。一九八〇年代日本經濟狂飆，美國民間的焦慮感從蘇聯的安全威脅轉向擔心日本經濟將會超越美國，最終華府以政治力向日本強力施壓。一九八五年美日英法德五個工業國簽訂《廣場協議》後，日幣被迫對美元大幅升值，最終成爲戳破日本泡沫經濟的前因，日本經濟隨後走入「消失的三十年」。

南韓企業面對嶄新變局，也有應付不及的侷促感。後冷戰時期，日韓產業鏈已與中國緊密相依，但中美貿易戰開打後，美國試圖建立「民主國家供應鏈」，讓東北亞產業鏈「去中化」，藉以限制中國影響力，日韓與中國的連結被硬生生扯開，其中尤以南韓企業損失最大。以三星電子爲例，不只必須積極處理在中國的投資，還要面對晶片四方聯盟下台灣半導體鉅子台積電的聯盟內競爭。

這些新秩序潛流下的矛盾，都可能是今日「雙三角」陣

為了緊密連結京津冀都市圈與環渤海經濟圈，中國大力發展天津城市建設。

營合縱連橫的不穩定點，雙方都試圖從不穩定中找到見縫插針的破口，防堵或痛擊對方。

各自划水
建立域外聯盟vs重振中國鐵鏽帶

但不可否認地，「民主三角」內部的確建構出全新的合作關係與共同利益，並將影響力擴展到域外國家。

在美國鼓勵下，日韓加強與東協國家推進區域全面經濟夥伴關係（RCEP）等自由貿易協定，美日韓三國也積極投資東南亞基礎建設，希冀削弱東協對中國「一帶一路」的依賴；南韓甚至積極投資越南，使越南成爲僅次於中國、美國的南韓第三大貿易國。

台灣台積電赴日本設廠，有望媒合日本半導體材料及設備的優勢和台灣代工高階晶片的強項，協助日本在半導體競賽中扳回一城。南韓三星電子也試圖跟進，表達在日本投資興建半導體研發設施的高度意願。

「獨裁三角」內部也開始發生質變。被稱爲「中國鐵鏽帶」的東北三省，遼寧、吉林以及黑龍江，曾經是中國最重要的工業生產基地，像是中國的第一輛國產自動車，第一台國產坦克以及第一架國產噴射飛機，都是產自中國東北地區。俄羅斯入侵烏克蘭以後，在消耗戰中吃不消，希望從戰略夥伴國家中，獲得大規模武

名詞解說

《廣場協議》（Plaza Accord）

一九八五年，由美國、日本、英國、法國、德國等五個已開發國家財政部長和央行行長在美國紐約廣場飯店所簽署的協議。其主要是聯合干預外匯，讓美元對日圓及德國馬克貶值，解決美國巨額的貿易赤字問題，但此協議引發日本泡沫經濟，從此展開日本經濟「消失的三十年」。

區域全面經濟夥伴關係（Regional Comprehensive Economic Partnership, RCEP）

由中、日、韓、澳、紐與東協十國所訂定的貿易協定，旨在削減關稅及非關稅壁壘，建立統一市場的自由貿易協定。過去曾有跨太平洋夥伴關係協議（TPP）的訂定，東協與其他亞洲各國考量自身的貿易利益，於是另起爐灶訂定一個類似的協定，但美國並未加入此協定。

器的奧援，因此中國在俄烏戰爭中找到重新振作的契機。

俄烏戰爭後，中國汽車製造商一舉占了俄羅斯汽車市場五成。加上習近平戰略性決定對俄出售更多商品，更爲工業與軍武製造重鎮東北帶來新機會。

東北大部分的軍事工業，是在一九五〇年代由蘇聯顧問團協助建立，但中國開始發展私有經濟後，諸多國家工廠走向衰退；近年中國經濟整體不振，東北經濟更落後於中國全國平均水準。美國《紐約時報》形容東北三省就像「中國製造」的美國中西俄亥俄州和密西根州版本。而且東北高齡化嚴重，程度已經遠超過美國退休州佛羅里達，地方政府正爲養老金成本飆升議題傷透腦筋。

過往中國曾宣布一輪又一輪的東北振興政策，希望東北從原物料重工業向製造業和服務業轉型，但始終未能見效。中國在俄烏戰爭提供俄羅斯工業物資，俄國也交出潛艇與導彈軍事技術作爲交換，實際上中國也打著確保東北工業重鎮保持增長的算盤。

中國東北曾是台商躍躍欲試的投資地，但受限冬季嚴寒、上下游聚落形成困難等因素，讓習慣溫暖天氣的台商改投其他城市。圖為黑龍江鶴岡市的發電廠。

當代東北亞問題 核武、遠東開發、日韓矛盾

中美戰略對決，讓東北亞更加緊張，再加上俄羅斯決心下好遠東棋局，當代東北亞面臨新舊盤根錯節議題。

文／陶雨融

待解議題一

俄勢力進朝鮮，北韓無核化前景消失

二〇二四年六月，普丁訪問平壤，與北韓簽署《全面戰略夥伴關係協議》，協議任一方受到侵略時須互相提供援助，並加強安全、貿易等合作。此一舉動引發北京戒心，但又對此協議保持低調。中國敢憂不敢言，主要是中國對北韓的掌握度已大幅降低，若過度反應將可能再推北韓一把，加速破壞朝鮮半島現況，進一步引發東北亞危機。這對正專注於抗衡美國的中國來說，並沒有好處。

此外，俄羅斯提供北韓導彈技術、電磁戰能力等軍事技術，也等同於讓北韓更不可能放棄核武，朝鮮半島無核化的前景實質上已經消失。

中國夾在中間，既不想看到俄羅斯和北韓關係過密，也不想明著與俄朝兩國對抗，這爲中國外交帶來一定的困擾。美國過去一直希望北京利用其影響力勸阻普丁和金正恩推進新的防務協議，但中美關係惡化阻礙了這個希望。

名詞解說

北方政策 (Nordpolitik / Northern Policy)

南韓在冷戰後期與社會主義陣營發展對外關係的外交政策，在一九八八年，時任南韓總統盧泰愚，積極發展與蘇聯、中國等社會主義國家的「北方外交政策」作為其執政期間的施政目標，這期間南韓藉由舉辦漢城奧運與社會主義國家建立正式的外交關係，使得南韓順利拓寬外交空間，也促進朝鮮半島南北關係的改善。

俄朝的軍事同盟進程，同樣打擊到南韓的**「北方政策」**（Nordpolitik），讓南韓不得不重新審視與俄羅斯關係。

俄羅斯不斷在聯合國安理會爲北韓提供政治保護，使得美國與其盟友在北韓核武問題上行動受限。而北韓宣布與南韓的關係是兩個敵對國家關係，北京也失去在過往促進朝鮮半島外交情勢緩外交主基調使力的空間。

待解議題二

俄羅斯向東轉，平添新變數

俄羅斯再次將眼光放在開發遠東地區上，讓整個東北亞棋盤移動更加劇烈與快速。

遠東地區是指俄羅斯最東邊的區域，東南濱臨日本海，南面連接朝鮮半島和中國，總體面積占俄羅斯國土三六％，但人口僅占俄羅斯近五％，只有六百三十萬民眾生活在此區域。由於遠東土地廣袤、地理位置重要、礦物與石油資源豐富，除了是俄羅斯影響力延伸進太平洋的戰略據點，也是俄羅斯國土開發的潛力區域。**除了**

每逢北韓國慶，北韓民眾被允許乘船遊覽鴨綠江，向鴨綠江對岸的中國民眾招手致意。

澳洲，世界上很少有大國家像俄羅斯一樣，擁有如此大面積的待開發處女地。

過去數十年來，因為俄羅斯把政經重心都部署在歐洲的一側，遠東與西伯利亞的開發力道不成比例，整體「向東轉」的道路並不順遂。但近年因俄烏戰爭不如預期，反倒讓俄羅斯重新意識到遠東的重要性。二〇二四年普丁高調訪問中國東北，提及開放遠東與北韓邊界比鄰的的圖們江出海口等項目，都顯示出莫斯科亟欲「向東轉」的企圖，而且企圖心大到不惜採取與中國利益交換的方式來布局和進行。

在中美貿易戰背景下，北京與莫斯科正協助彼此度過經濟窘境。簡單地說，俄羅斯開發遠東的戰略核心即「中國缺什麼，俄羅斯就賣什麼」；因此，能源、糧食、木材等過去優先賣到歐洲市場的商品，現在都要掉頭轉向中國市場。

俄羅斯的遠東新開發戰略將分三個階段進行：

- ◆**第一階段：**二〇二三年到二〇二五年，優先保證重大投資項目的建設。
- ◆**第二階段：**二〇二六到二〇三〇年，重心放在遠東的民生和社會經濟發展。
- ◆**第三階段：**二〇三一年到二〇三五年，完成遠東和西伯利亞地區的經濟產業升級與轉型，達到財政自給自足，逐步擺脫對中央投資的依賴。

值得注意的是，中俄兩國的合作愈來愈密切，表面上看起來像是俄羅斯對中國讓利，使中國借道海參崴出海，實際上俄羅斯借力使力發展遠東，讓**《遠東一公頃土地法》**（Russian Homestead Act）真正發揮效果。中俄邊界隔著黑龍江，

名詞解說

《遠東一公頃土地法》(Russian Homestead Act)

該法令由俄羅斯所推動，旨在鼓勵公民移民遠東地區。規定俄國公民可在遠東聯邦地區獲得一公頃土地的使用權，並於五年內可無償用於個人住宅、農業開發或旅遊等使用目的，土地使用到期後可選擇是否續租土地，或是取得土地產權。

日韓索賠協議 (Japan-South Korea Claims Agreement)

二〇一五年，日本與南韓兩國政府代表就僵持已久的慰安婦問題展開談判，日方針對慰安婦罪行公開致歉，直接撥款十億日圓並協助南韓成立援助慰安婦的基金會。但南韓民間團體在日本駐韓大使館前設立代表慰安婦的「和平少女」銅像，日方政府曾多次向韓方抗議要求撤除卻未果。

但人口稠密程度形成強烈對比，對俄羅斯來說也是一項長久的壓力。若遠東效益只侷限在海參崴、庫頁島、千島群島等軍事要地上，將平添未來東北亞國家勢力角逐的變數。

待解議題三
日韓歷史糾葛，民主陣營不穩定

日韓關係一直存在著待解的歷史問題，包括日本殖民統治時期所遺留下來的慰安婦與勞工受害者賠償議題、獨島（竹島）主權爭議等，不定時在民間引爆不滿情緒。

一九一〇年至一九四五年間，日本殖民朝鮮半島，強迫許多勞工為日本企業付出勞力，二戰期間更強制徵用大批南韓慰安婦。時至今日，這些問題不但未能妥善解決，日本右派政治人物還時常到靖國神社參拜，教科書也對史實多所閃避。南韓社會難以接受二戰「甲級戰犯」被當作英雄膜拜，兩國社會情緒不定時處在劍拔弩張的矛盾氛圍中。

俄羅斯近年來積極布局遠東地區，運送資源的軌道運輸相形重要。圖為俄羅斯遠東地區的機車修理廠工人維修一景。

二〇一八年南韓最高法院曾判決日本三菱重工業公司與和日本製鐵公司必須對一九一〇年至一九四五年間強迫勞動的南韓勞工提供賠償，但遭到日本官方以違反**「日韓索賠協議（Japan-South Korea Claims Agreement）」**爲由拒絕，一時間南韓民意沸騰，兩國關係達到冰點。

當時日本爲了進行報復，曾針對南韓半導體製造商化學原料實施出口管制，並將南韓從首選貿易夥伴「白名單」中刪除。南韓也採取類似反制措施，將日本從自己的白名單中剔除，並威脅終止雙邊軍事資訊共享協議。不過，隨著南韓總統尹錫悅上台，韓方態度有所軟化，主動示好並推動與日本關係改善，爲緩解兩國矛盾、增進合作創造了機會。

日韓爭議最可行的解決方案可能要動用到聯合基金的概念，要求南韓和日本企業同時賠償勞動受害者。至於慰安婦賠償、獨島（竹島）領土爭端、學校教科書修改、一九六五年日韓索賠協議的模糊性等議題，可能需要更多的學術、宗教、文化、非政府團體進行交流和對話，才可能根本改變。

歷史問題使韓日兩國難以建立互信，在政治、安全、經貿等領域出現意見分歧時，容易走上對抗的道路，即使是抱持相同價值的民主陣營，一矛盾起來，可能危及東北亞的地緣平衡，甚至是整個印太戰略的穩定。

日本殖民南韓所遺留的慰安婦議題，至今仍是日韓社會的心理疙瘩。圖為南韓坡州公園內紀念慰安婦的「和平少女像」。同樣的雕像也被設在首爾日本駐韓大使館正對面，曾引起日本抗議。

東北亞未來挑戰　四隻振翅中的黑天鵝

二戰在東北亞從未結束，四隻黑天鵝隱然振翅，火藥庫隨時可能走火爆炸。

文／陶雨融

核戰黑天鵝

不對稱升級 vs 相互保證毀滅

東北亞面臨的黑天鵝可能有四隻，第一隻是全球關注的核戰黑天鵝。

自蘇聯解體以來，北韓領導金正日一再強調「先軍政治」，將軍事視爲國政的第一順位，積極發展核子武器與遠程導彈。金正恩繼位後，更積極增強其核威懾能力，頻頻進行核試爆與導彈試射，並於二〇二二年訂立《核力量政策法》（Nuclear Forces Policy Law），採「不對稱升級」戰略，允許率先動用核武，作法比起現今核武大國普遍採用的「相互保證毀滅」戰略更加激進。

北韓迅速提升核武與飛彈能力，並進行一系列測試，包括聲稱可以發射戰術核彈頭的「超大型」多管火箭發射器。北韓領導人金正恩將核武描述爲「在任何時間和任何突發情況下遏制戰爭並掌握戰爭主動權」的關鍵。**這也反映出北韓升級核子能力的國安理論，即如果領導層感到受到威脅，就進行先發制人的核打擊。**

名詞解說

不對稱升級 (asymmetric escalation)

這種核戰允許率先動用核武，使其對手出於擔心受到核武攻擊，而採取任何軍事或政治行動，因此更具威脅與不確定性。

相互保證毀滅 (Mutual Assured Destruction)

又稱「保證報復」，此核戰略旨在對手發生核打擊時，大規模使用核武展開報復，目的在於威懾對手。

北韓正計劃大幅度擴大核武庫存。二〇二三年後，金正恩宣布「大規模生產戰術核彈頭」，並開發新型洲際彈道飛彈（ICBM），這將使北韓擁有「快速核反擊」的能力。北韓已測試了一種固體燃料火箭發動機，功率足以達到美國的新型洲際彈道飛彈的第一級。這種固體燃料洲際彈道飛彈的發射速度比北韓目前擁有的液體燃料洲際彈道飛彈更快。

北韓核武力量的擴張是爲了達到反擊南韓、美國和其他被其視爲敵對國家的「戰爭準備」，但北韓的核子進展可能會促使日韓等鄰國重新審視自身核威懾能力不足的問題，進一步引發區域軍備競賽，並破壞全球防擴散體系。

南韓的反應最爲積極，除了宣布擴大國防開支，也積極發展先發制人的打擊能力和情報收集能力。例如，組建新的無人機部隊、加強與美國資訊共享機制等。

另外，對北韓來說，發展核武有助於增加軍事、經濟等多層面的外交談判籌碼，腳步只會往前進，不會停下來，再加上金正恩的狂人特質與北韓內部政局的不透明性，挑釁之中難保不會擦槍走火。東北亞的核戰黑天鵝天天都在拍翅。

日本解鎖和平憲法黑天鵝
印太兩面刃，周邊國家戒懼

東北亞面臨的第二隻黑天鵝則是一個兩面刃議題。

面對中國崛起與北韓威脅，作爲東北亞區域強權之一的日本有關解鎖和平憲

名詞解說

自由開放的印度——太平洋（Free and Open Indo-Pacific）

日本前首相安倍晉三倡議的地緣政治概念，把原有的「亞太地區」概念擴大，向西含括印度等南亞國家，讓島鏈戰略串聯到印度洋。

法的討論變得愈加頻繁。雖然日本有因應印太新局勢的進行結構性調整的需求，但周邊國家對二戰日本強權的回歸存在著諸多疑慮，解鎖和平憲法將可能讓區域競爭與對峙氣氛更加白熱化，也可能讓日本內部陷入矛盾。

日本和平憲法第九條規定放棄戰爭和不擁有軍隊，若要修正這一個條款，需要國會兩院三分之二的支持，並獲得全國公投的批准，過去這一過程存在著反對派和民眾的政治阻力。

但是，隨著區域安全環境惡化，部分日本民眾和政治家開始支持修改憲法，希望藉此提高自衛能力。執政黨自民黨內部對國防問題的關注逐漸提升，正一步步催促著修憲的討論。

另外，美國及其盟國支持日本增強軍事能力，也是日本修憲的推動力。日本在印太新局勢中的角色日趨重要，自二〇一六年日本首相安倍晉三率先倡議**「自由開放的印度－太平洋」**（Free and Open Indo-Pacific）之後，「印太戰略」快速成形。理論

位於南北韓非軍事區內的「自由之橋」，原是南韓京義線的舊鐵路橋，在韓戰期間被轟炸所摧毀，後來韓戰結束後為了交換戰俘而修復此橋。

上，日本軍事能力的增強可讓民主聯合防禦體系更加強化，穩定區域安全，減少衝突風險。

但是，若日本擴大軍事能力，將引發中國和北韓的警惕，導致軍備競賽加劇，促使中國在東海和南海的軍事活動更加頻繁與激進。

值得關注的是，日本正試圖透過出口武器裝備，向印尼等國家出售護衛艦，來擴大在東南亞地區的軍事影響力。日本也積極支持越南、菲律賓等東協國家加強海上執法、海域態勢感知和海上防禦等能力，以應對南海問題。但這些做法都像是兩面刃，在和平防禦之餘，也可能引發東南亞國家對日本軍事野心的擔憂。

華府對日本的擴張政策存在內在矛盾。白宮一方面支持日本擴大安全領域作用，另一方面卻無意讓日本在聯合國改革、地區經濟合作等國際角色上獲得更高的地位。這種不協調的政策讓兩國外交政策的一致性投下變數。

名詞解說

三駕馬車

經濟學把投資、消費、出口三個元素，統稱為拉動國內生產總值（GDP）增長的「三駕馬車」。近年中國這三駕馬車均勢頭走緩，外界憂心會不只衝擊中國經濟，也會影響全球景氣。

東海衝突與經濟黑天鵝

演習頻繁，中國經濟下行

東北亞還有兩隻黑天鵝，分別是東海衝突與地緣經濟議題。

在東海衝突方面，東海雖不在廣義的東北亞地緣範圍內，但近年摩擦的中日兩國卻是東北亞最主要的對陣方。中日東海衝突日益緊張，領土爭端集中在釣魚臺（日本稱尖閣諸島）及其周邊海域的資源開發和海洋權益上。中日均在東海增

韓戰結束後，北韓在日本與南韓綁架民眾與女演員，引起日韓社會騷動，也讓厭朝情緒高漲。圖為日本民間社團在東京上野公園呼籲政府正視此一議題。

加軍事活動。中國海軍在該區域的巡邏和演習頻繁，而日本則加強了海上自衛隊的應對能力。

二〇二四年四月，日本海上保安廳公布官方數據，稱自二〇〇八年以來，進入尖閣諸島附近海域的中國船隻（包含中國海警船），頻率及數量均有增加。日本外務省引述該份報告指出，中國海警船持續在尖閣諸島周邊海域單方面試圖透過武力或脅迫改變現狀。同一個月，日本國會議員團前往釣魚臺視察，出現中國海警船試圖接近，日本海上保安廳巡邏艇趕緊介入，雙方在主權爭議水域對峙。

在地緣經濟方面，北韓經濟處境堪憂，連帶影響東北亞穩定性。北韓經濟在一九七〇年代表現尚可，但從一九九〇年代開始逐步崩潰。主要是因爲蘇聯在一九九一年解體，斷了北韓重要外援。緊接著，一九九四年至一九九八年大饑荒發生，數十萬人死亡，重創北韓大環境。

此後，北韓人民開始發展地下私營經濟維生，婦女在家庭中的經濟地位稍獲提高。北韓數據不透明，

外界很難掌握北韓私營經濟規模，但許多國際分析師研判，北韓私營經濟產值已占全國經濟三八%，北韓商鋪數量也從二〇一一年的三百三十八家飆升到二〇一八年的一千三百六十八家。

北韓人民的生活水平因此獲得些許改善，二〇一六年GDP增長了三・九%，但二〇二〇年受到新冠疫情重擊、金正恩宣布封鎖國界、國際制裁等多重因素影響，GDP下降到二十二年間最低水準，糧食產量也跌至十年最低。總的來說，北韓的經濟前景很不樂觀。

另外，疫後中國經濟大舉下行，也是東北亞的隱憂之一。中國正在經歷改革開放後最大的經濟寒冬，程度超過二〇〇八年的金融海嘯，拉動中國經濟的出口、消費、投資**「三駕馬車」**均受影響，無論是房地產、餐飲、汽車等行業皆受波及。尤其，房市泡沫化導致民眾擔憂資產安全，降低消費意願，服務業與零售業均現裁員潮，青年失業率也大舉攀升，二〇二四年七月青年失業率達到一七・一%。

中國經濟潛在的影響廣而深遠，可能對整個東北亞的經濟穩定性構成威脅。

近年來台海情勢有升級趨勢，日本密切監控中國軍演行動。圖為日本海上保安廳海岸防衛隊在釣魚臺附近進行海上巡邏。

東北亞問題可能解方 根絕核武、經貿合作

東北亞地緣政治前景真的是一場前路被堵死的珍瓏棋局？無核化與經貿合作這兩條路，或可將地緣導引向豁然開朗的未來。

文／陶雨融

不放棄根絕核武問題

重建信任，讓北韓安心

朝鮮半島是人類距離核武戰爭最近的距離，即使中美兩國都曾經全力斡旋，但北韓並沒有放棄核武的動機，因爲利比亞與烏克蘭的殷鑑不遠。

安全困境和缺乏信任是北韓無核化的主要障礙，北韓擔心美國軍事威脅，認爲核武器是維護國家安全的至要關鍵，美國必須先解除經濟制裁和軍事威脅，才能進一步考慮無核化；不過，美國一向持不同立場，認爲北韓必須先全面放棄核武器，才可能得到民主世界更堅實的承諾與支援。

放眼歷史，利比亞和烏克蘭都曾經因核武而在地緣政治上深具威懾力，但也因放棄核武而爲政權與國家招致禍端。

二〇〇三年，利比亞獨裁強人格達費宣布主動放棄核武，一時間與西方國家進入蜜月期，經貿制裁解除，石油產業恢復榮景。但二〇一一年**「阿拉伯之春」**

名詞解說

阿拉伯之春

二〇一〇年，在阿拉伯世界掀起的一次革命浪潮，這是人類史上罕見以網路號召群眾走上街頭的運動，部分強人政權遭到推翻，但結果並未如抗議者所預期「迎來新中東的誕生」，國家反而陷入長期動亂。

延燒到利比亞，失去核武靠山的格達費輕易就遭到推翻，最後被發現陳屍在下水道。

烏克蘭曾經是世界第三大核武國家，一九九四年與俄羅斯、美國簽訂協議，決定以放棄核武換取俄羅斯承諾尊重烏克蘭領土的完整性。但失去核武等於讓烏克蘭填平護城河，二〇一四年克里米亞遭俄羅斯併吞，二〇二二年國土被普丁全面入侵。連前美國總統柯林頓都正式對外表示，「後悔」當年說服烏克蘭放棄核武。

放棄核武，最終將導致國家軍事籌碼弱化，金正恩也懷抱這樣的憂慮。加上，核武不只是北韓外交上的主要籌碼，在內部統治上也具有一定的意義，冒然放棄核武將可能危及政權的穩定性。

要求北韓放棄核武，美國必須要端出更具說服力的誘因。

過去，美中兩國都願意合作避免朝鮮半島核武議題失控，中國甚至主持六方會談，試圖調解核武問題，並適當時機對北韓採取制裁措施。但中國近年改變態度，表明願意在新形勢下加強對中朝關係的「戰略引導」，讓北京利用北韓的導彈發射和核試驗抗衡華府。

朝鮮半島核武議題是整個東北亞強勢的風向球，也是利益糾結的最核心，只有各方陣營未能達成整個地緣發展的共識，核武議題才可能有重大突破。

著眼經貿合作，便免東北亞各國產業完全脫鉤斷鏈，是避免地緣衝突跨大的解方之一。圖為中國汽車廠因應市場需求，正企圖拉大產能。

重新著眼經貿合作

彼此留後路，避免完全脫鉤斷鏈

東北亞具備互補性的經濟結構，日韓擁有資本、技術和管理經驗，俄羅斯遠東有豐富石油資源，中國東北勞動力與消費市場充足。若要解決軍事上的對立，非軍事領域的區域合作是可嘗試的途徑。日本首相石破茂就明確指出，日本無意與中國「脫鉤斷鏈」。東北亞區域可能嘗試尋找共識的面向包括：

◆**加強區域合作**：透過東亞峰會和亞太經合會（APEC）等多邊機制和合作平台，促進了自由貿易和投資便利化，降低貿易壁壘，推動域內經濟增長，將使國家之間的經濟聯繫更加緊密，爲區域繁榮打下基礎。

◆**科技創新合作**：科技合作不僅能加速創新進程，還能提升產業整體水平，促進整個區域的競爭力。

◆**應對氣候變遷**：包括減少碳排放、發展綠色技術、促進可再生能源使用等，東北亞國家不僅能應對環境挑戰，還能爲經濟的長期穩定增長鋪平道路。

◆**自由貿易協定**（FTA）：東北亞國家積極參與促進貿易

自由化的各種自由貿易協定的談判，爲降低關稅和貿易壁壘，達成共識。

在中美競逐下，現時東北亞雙三角關係的抗衡，已呈現多方重疊的關係。民主國家與極權陣營必須盡量調和內外部權力平衡，方能具足氣力化解矛盾。就如冷戰後的東北亞各國嘗試過的努力，經貿合作上雖不一定能完全解決地緣衝突，但能降低意識形態對立，深化區域生產線的融合。

如同澳洲知名中國專家馬利德（Richard McGregor）分析，不只中國變強會改變現狀，美國和日本變弱，也會改變現狀。由於中國是第二大經濟體，在政治上也是很重要的國家，而中國在地緣政治議題上若執行更強勢的政策，勢必讓東北亞各國感到棘手。東北亞的糾葛比外界想像得更加複雜，除了北韓對美國、日本與韓國不定期在朝鮮半島的軍事演習感到焦慮，東北亞的民眾與政府不會每天一覺醒來就想著「如何殺死美國人」，但東北亞愈多國凶險碰撞，美國愈無法從亞洲困局中得到保全。

位於遼東半島上的大連港，是中國環渤海經濟圈的主要港口。

6 名家銳眼看東北亞

東北亞成為兵家必爭之地，台灣要如何找到理解東北亞地緣的切入點？

國際關係、現場解析、軍事國防，名家的論證，提供推敲路徑。思維與時俱進，掌握更加深入。

【國際關係】

建設東北亞的香港——中俄新聯合，地緣珍瓏解開？

《璦琿條約》讓中國傷心一百多年，但扭轉的契機出現了，中國正計畫透過一連串的合作，商船從圖們江出海，將海參崴建成東北亞的香港，讓東北亞變成一個新的經濟圈。

文／劉必榮（東吳大學政治學系教授）

中俄新聯合一

迎拒兩難，關係上熱下冷

俄烏戰爭改變地緣政治的權力板塊，除了東歐天翻地覆之外，東北亞的地緣政治也發生微妙變化，無論俄烏戰爭結果如何，都將影響東北亞長遠的政經圖像。**台灣特別必須關心的是中俄朝三方關係的發展，以及中國從圖們江出海的戰略布局。**

俄烏戰爭爆發後，俄國西進受阻，不得不把注意力與發展重心轉向東方。**中俄關係愈走愈近，西伯利亞與東北亞的開發也愈來愈爲人所關注。要開發西伯利亞，最好就是與中國合作，引進中國的資金、科技與人力。尤其是鐵路、油氣管等基礎建設，更需要與中國合作。可是俄國對此似乎又迎拒兩難。**

中俄關係是相當複雜的。清末，俄國利用一八五八年的《璦琿條約》和一八六〇年的《北京條約》，鯨吞中國烏蘇里江以東、黑龍江以北一百萬平方公里的廣

名詞解說

中吉烏鐵路

中國在中亞最重要的鐵路興建計畫，也是中國「一帶一路」重要工程，全長約五百二十三公里，起點設在中國新疆喀什站，途經吉爾吉斯，以烏茲別克的安集延為終點站，興建完成後將可打通南亞、中東國家等市場。

伯力位於黑龍江和烏蘇里江交會處，隔江與黑瞎子島相望，俄文名為「哈巴羅夫斯克」，城市充滿東正教風情，西伯利亞大鐵路橫穿市區。

大土地，在中國人心裡造成的創傷，至今仍難以平復。所以針對《璦琿條約》的紀念會至今仍在舉行，中國出版的東北亞新地圖，也開始在俄國地名後面，附上中國的原始地名，比如海參崴、伯力。

俄國看在眼裡，自然也升高了戒心。中俄關係的熱絡其實是上熱下冷，中國人與俄國人彼此之間仍未完全信任。但是俄烏戰爭又逼得俄國不得不對中國讓步，接受中國勢力進入俄國勢力範圍的現實。最典型的例子，就是對中吉烏鐵路（連接中國、吉爾吉斯、烏茲別克，但是繞過俄國）放行，以及接下來放行中國船艦從圖們江出海的議題。

中俄新聯合二
東北亞的香港，戰略性的鐵橋

十九世紀俄國對中國領土的掠奪，最讓中國耿耿於懷的，就是俄國拿下海參崴後，吉林一下子失去出海口，變成「內陸省」了。吉林要出海必須往南繞道大連、營口，所以中國一直呼籲俄國能開放海參崴，讓吉林可以

出海。**若俄國開放，中國勢必也會增加投資，將海參崴建成東北亞的香港，讓東北亞變成一個新的經濟圈。海參崴之外，中國還希望能從圖們江出海。**

圖們江是中國與北韓的界河，但是這一段並沒有出海。圖們江到下游，是俄國與北韓的界河。所以中國要從圖們江出海，必須與俄國與北韓達成協議。可是俄國與北韓對中國都有戒心，當年中蘇共分裂的時候，北韓是倒向蘇聯的。所以俄國用了一個技術性的方式阻擋了中國，就是用一個老舊的鐵橋橫在江面，讓中國大船無法順江出海。

這座一九五九年蘇聯建的鋼筋混凝土鋼架鐵橋，八孔六十米，非常的低，橋底距常水位僅高九．六米，其中僅三孔可以作爲通航孔，大型船舶無法通過該橋，只能通航體積較小的捕魚船；中國商貿船隻從此處駛入日本海的通道被完全鎖死了。

中國幾次與俄國和北韓交涉，希望重建鐵橋，但都沒有結果。二〇二四年五月，普丁到中國進行**國是訪問**，到訪東北，特別表示中俄將與北韓就中國船隻經圖們江出海的相關航行事宜展開建設性對話。北韓現在經濟極差，也需要中國的援助，於是成爲中國打通圖們江出海航道的契機。

中俄新聯合三

中國高舉地緣經濟，日韓擔心地緣政治

名詞解說

國是訪問

係指一國的國家元首接受另一國元首的邀請，對該邀請國進行正式的外交訪問，也是兩國間最高規格的外交交流，主要是討論國與國之間的重大政策與計畫。國是訪問的接待規格非常正式，完全按外交禮儀安排，訪問過程強調以官方公共儀式為特徵，典禮上會以國宴、禮炮二十一響和檢閱儀隊來接待。

中日韓領導人峰會

二〇〇四年由南韓所提出，由中日韓三國領導人進行的峰會，主要是東協十加三架構外的三國希望以不定期聚會的方式，達成議題共識。

圖們江流經俄羅斯、中國、北韓，江面上至少建有七座主要橋樑，其中有六座由中國興建，唯一由俄羅斯興建的朝俄友誼橋成為圖們江打通的關鍵。圖為連通中朝邊界的圖們江橋梁，圖片中可看出江面淤塞，水位很低，不易通航。

如果中國商船能從圖們江直接進入日本海，自然比到海參崴中轉更划算。但這卻改變了東北亞的權力格局。按中國的說法，如果圖們江出海口被打通，海參崴再開放成自由港，甚至眞的成爲東北亞的香港，那這塊地方的經濟將整個活絡起來。

可是日本與南韓的看法卻不一樣。中國高舉的是地緣經濟，日韓擔心的是地緣政治。因爲中國船艦若能從圖們江進入日本海，來的將不只是貨輪，還可能包括海警和軍艦。

雖然以圖們江的現況來看，河道太淺、鐵橋未拆，中國軍艦要從這裡出海，還需要一段時日，但日本必須未雨綢繆。於是，日本的外交也在調整——與美國加強關係的同時，也透過**中日韓領導人峰會**，與中國加強經濟上的合作。這個平衡外交對日本而言，是最安全的布局。

而從台灣角度來看，中國軍艦若出現在日本海，勢必會牽制日本在西南國界與台海的行動。美國在西太平洋的軍事布局也必須重新思考。當然，中國出海也可能帶來的是商貿的新圖象。所以台灣必須從政經兩路著手，如此方能在進退之間爭取到最大的利益。

【潛在衝擊】

中俄韓朝四邊關係——東北亞新圖像

俄羅斯與北韓愈走愈近，中國與南韓也跟著升高「外交與安全對話」層級，正個東北亞情勢變成俄國拉著北韓，中國拉著南韓，中俄韓朝四方形成非常微妙的四邊關係。

文／劉必榮

現場解析一

普丁回訪金正恩，宣示突破西方的孤立

睽違二十四年之後，俄羅斯與北韓兩國領導人正式會面。二〇二四年六月十八日，普丁赴北韓進行兩天訪問，北韓領導人金正恩深夜到機場接機，兩人見面相互擁抱，普丁一句：「金同志！」金正恩笑容一下燦爛了起來。前一年**金正恩訪俄**，當面邀請普丁，果然普丁就來了。

其實，普丁這一趟亞洲行，除了北韓，也到越南。朝越兩國都是蘇聯時代的盟國，普丁希望藉以宣示自己突破西方的孤立。

從二〇二三年起的兩年間，越南是唯一有本事讓美中俄三國元首都競相前往進行國是訪問的國家。俄羅斯與越南的關係和美中不同，俄羅斯不像中國在南海威脅到越南，也不像美國在內政改革上對越南施壓，當越南遭到美中兩股勢力相

名詞解說

金正恩訪俄

二〇二三年，北韓領導人金正恩與俄國總統普丁在俄羅斯阿穆爾州東方航天發射場進行領導人會議，聚焦討論國際形勢和經濟合作。外界認為俄羅斯試圖從北韓獲得烏克蘭戰爭相關軍需物資與軍力援助。

中韓外交與安全對話

二〇二四年中國與南韓展開副部級的外交安全對話，雙方重申重視和發展中韓睦鄰友好與互利合作，同意透過「外交部門高級別戰略對話」、「外交安全二加二對話」等機制加強溝通。

互拉扯時，俄羅斯正好提供一個平衡的力量。所以看普丁越南行的重點是，越南的精緻外交及俄國對東南亞布局的地緣經濟戰略。而相較之下，國際政壇更關注普丁北韓行的意涵。

現場解析二

南韓可能解禁，東北亞與烏克蘭連在一起

普丁北韓行最大的看點，是雙方簽訂了《全面戰略夥伴關係協議》，條約中規定，簽約國任何一方遭受攻擊時，另一方將提供立即的軍事援助。金正恩說這是把俄朝關係變成軍事同盟，普丁則比較保留，說這只是過去蘇聯時代和北韓關係的持續。西方分析家指出，當年蘇聯給北韓的是非完全的軍事承諾，所以全面戰略夥伴關係也還需經過測試，才知道極限在哪裡。

可是俄朝兩國相互給予軍事援助是個事實，普丁也為此當面謝過金正恩同志。軍事援助後面會牽動一連串連鎖反應：在新的軍事關係下，北韓將對俄羅斯提供更多的炮彈和短程導彈，俄羅斯也不排除提供高準度武器給北韓作為回報。朝鮮半島緊張情勢將因此升高。

南韓於是警告，南韓也有可能解禁，開始提供武器給烏克蘭。如此一來，東北亞情勢和烏克蘭就連在一起了，這是西方最關切的議題。

俄朝關係久而深遠，北韓唯一的平壤地鐵就是冷戰時期在蘇聯、中國、東歐國家的協助下所興建，最深處可至地下 200 公尺，地鐵站建築充滿蘇俄共產主義風情。

現場解析三

美國嚇阻削弱，西方應學與核武北韓共存

東北亞緊張，美日韓的軍事合作也將愈走愈近。北韓在俄羅斯軍事科技援助下，核武的發展速度可能加快，也會讓中國感到威脅，二〇二四年的中日韓領導人峰會再次提到朝鮮半島無核化。

在普丁到北韓的同一天，中國也和南韓在首爾舉行「中韓外交與安全對話」，層級從司長級升高到副部級。北韓對此不可能沒感覺，整個情勢變成俄國拉著北韓，中國拉著南韓，中俄韓朝四方形成一種非常微妙的四邊關係，反映出東北亞的戰略新格局。

北韓和俄國軍事關係升級後，日本學者指出，美國在嚇阻北韓時，考慮的將不再只是北韓的武力，還必須把俄國的武力一起考慮進去，這將削弱美國嚇阻的信度。**也有美國學者指出，北韓擁有核武終會成為事實，所以西方應學著與一個「有核武的北韓」共存，但不是要「接受」核武的北韓，而是「認知」到北韓已有核武。所以不是「防止」北韓取得核武，而是「限制」北韓核武的規模。**

普丁一聲「金同志」，帶來的可能是東北亞戰略的典範轉移。西方戰略在變，中國的東北亞政經戰略是否也有微妙調整？這個戰略改變將連動到俄烏戰場，以及中俄韓朝的四邊關係。

俄羅斯陷入烏克蘭戰爭膠著泥淖，亟需友國支援，是普丁決心向東走的原因。圖為俄烏戰爭中被摧毀的俄羅斯軍車。

【國際關係】

技術、戰略、產業鏈——東北亞軍事實力總盤點

東北亞區域軍備競賽隱然成形，六國中有五國軍事實力全球排列前茅，擁有完整國防工業產業鏈，兩大政治集團的陸上與海上戰力各擅勝場。

文／翟文中

軍事實力總盤點一

五個軍事強國，均有自主研發武器能量

東北亞區域雖僅有六個國家，排除蒙古共和國外，其餘五個國家均可稱爲軍事大國，這些國家不僅軍事力量強大，同時投入了大量資金進行武器研發與軍隊現代化。根據瑞典「斯德哥爾摩國際和平研究所」（SIPRI）揭露資料顯示，東北亞各國二〇二三年度的國防經費支出依序爲中國的二千九百六十億美元，俄羅斯的一千九十億美元，日本的五百零二億美元與南韓的四百七十九億美元，北韓由於透明度差無法取得確切國防支出資訊。

根據當年各國軍事支出統計，中國排名全球第二，俄羅斯全球第三，日本排名第十，南韓排名第十一。二〇二四年度，日本在強化國家安全與擴大軍事支出情況下，其軍事支出金額向上提升爲全球第八，其餘三國維持原先全球排名。

此外，「**全球火力**」（Global Firepower）網站進行的二〇二四年全球軍力比較

名詞解說

全球火力網站（Global Firepower）

二〇〇六年成立的均勢評估網站，每年採用六十個指標，提供一百四十五個軍事強國的相關數據分析，指標包括部隊數量、軍事裝備、金融穩定性、地理位置等。根據評估，美國、俄羅斯、中國、印度為全球四大軍事強國。

排序資訊顯示，東北亞各國的排名依序爲俄羅斯第二，中國第三，南韓第五，日本第七與北韓第三十六。

前揭兩項資料顯示，東北亞各國的軍事力量極其可觀，北韓雖因評估指標涵蓋武裝力量外的其他項目導致排名落後，惟其軍事實力不容小覷。由於東北亞存在著南北韓與台灣海峽兩大衝突熱點，加上區域國家擁有強大軍力，其已凌駕中東成爲全球最危險的地域。東北亞各國擁有可觀的軍事資產與數量龐大的部隊，均具完整的國防工業產業鏈，武裝部隊執行作戰任務所需的各式載台與武器系統均能自製，擁有完全自主研發武器能量。

名詞解說

北斗衛星導航系統

中國擁有的衛星導航系統，二〇〇〇年至今，以更新到第三代，能為全球用戶提供精準定位與導航服務。目前中國已在醞釀第四代的北斗四號系統。

軍事實力總盤點二

俄中日韓朝各擅勝場，全球難望相背

俄羅斯是冷戰時期的軍事大國，在傳統武器與戰略武器開發上擁有紮實基礎，近年在軍事科研上著重無人載具、人工智慧、太空核武與極音速武器相關領域，並已取得了相當的進展。

中國在實行改革開放後，伴隨經濟實力不斷茁壯，投入軍事科研的費用持續成長，除在軍隊硬體發展上取得了巨大進展，例如新艦建造速度冠於全球，另外在軍事軟體領域也取得了相當成果，例如**北斗衛星導航系統**建構與軍隊指管自動化建設等等。值得注意的，中國在新興科技領域著墨甚深，期望能藉由技術突破

南韓國防工業發展迅速，擁有自主研發的能力，最近成功完成「反潛作戰水下無人載具」（ASWUUV）研發測試，受外界矚目。

達成「彎道超車」超越美國的目標。

日本是傳統軍事工業大國，戰機與軍艦等各式載台均可自製，國防科研重點置於先進戰機、無人載具、人工智能與電磁軌道砲等等，採自力研發與多國合作雙重途徑進行。

南韓爲特殊例子，透過多年不斷研發努力，已能自製戰機與軍艦，生產的K2坦克與K9自走砲已在國際軍火市場占有一席之地。爲了因應北韓核武威脅，南韓也積極強化太空監偵與遠程打擊能力。

北韓爲了增加與美國對抗的有利態勢與有用籌碼，軍事科研的重點放在核彈頭與投射載具的開發。

綜合來說，東北亞各國的軍事科研均朝新高科技領域發展，涉及領域與取得成就，全球多數國家難以望其相背。

軍事實力總盤點三

兩大政治集團，蒙拒美軍進駐要求

當前東北亞分爲兩個旗幟鮮明的政治集團，其中一方是由中國、北韓與俄羅斯組成；另外一方是與美國親近的日

本與南韓兩國。兩個集團的形成與冷戰時期的意識對抗脫不了關係，即美國爲首的自由世界與蘇聯領導的共產世界，雙方壁壘分明長期處於尖銳對抗態勢。

蘇聯解體後，東西歐間的政治與軍事對抗早已煙消雲散，惟東北亞的冷戰結局不但沒有消散，反而更形鞏固。二〇二四年六月，俄羅斯總統普丁訪問平壤與北韓領導人金正恩會晤，期間兩國簽署《全面戰略夥伴關係協議》，包含有「任何一方受到攻擊情況下將互相提供援助，並加強安全、貿易和文化關係方面的合作」相關條款。

外界咸認，北韓與俄羅斯日益緊密的安全合作關係，無疑地將降低中國長期以來對北韓的地緣政治影響力。

此外，二〇二四年四月底至五月下旬，中國與蒙古針對「非法武裝團體活動」進行首次地面部隊聯合演習，在國際間被視爲蒙古拒絕美國要求軍隊進駐該國的具體回應。

軍事實力總盤點四
安全兩難，螺旋升高

因此，東北亞反美國家透過雙邊途徑強化交流，親美的日本與南韓則在美國主導下建構更緊密合作關係。**在可預見未來，這種對抗態勢將會日趨尖銳，兩個集團都針對彼此積極發展軍力，區域性的軍備競賽隱然成形。**

名詞解說

《全面戰略夥伴關係協議》(Comprehensive Strategic Partnership Agreement)

二〇二四年，俄國與北韓簽署《全面戰略夥伴關係協議》，規定當任何締約方遭受侵略時，另一方將向其提供援助。該協議不僅加強兩國在亞洲的軍事合作，也影響東北亞地緣局勢。

螺旋上升

國際關係學者羅伯特．傑維斯所提出的觀點，意指兩個國家彼此認知對方有侵略意圖，將導致雙方提高自我防衛措施，且同時又增加對方的恐懼感，在你來我往下，對抗態勢會呈現螺旋上升。

中國近年雖積極強化海軍實力，惟其本質上「大陸屬性」多於「海洋屬性」，東北亞反美集團包括中國、北韓與俄國，在地面戰力與部隊數量上擁有壓倒性優勢，美國爲首的集團則擁有強大海上戰力，此差異來自雙方國家安全與戰略考量方向不同。

令人不安的，中國與北韓近年積極擴大核武庫存，「斯德哥爾摩國際和平研究所」的《二〇二四年鑑》指出，北韓現有五十件核武，中國核武數量則高達五百件，兩國爲反制美國軍力優勢與取得較佳戰略態勢，未來擁有的核武仍將穩定成長。

根據美國軍方所做評估，中國在二〇三〇年時核彈頭數量將達一千枚。由於東北亞區域的緊張對峙越演越烈，反美集團日增的核武規模，迫使美國必須提供日韓兩國具可信度的「延伸嚇阻」，強化應對中俄朝核武威脅的能力。

在「安全兩難」與「螺旋上升」兩項因素催化下，東北亞區域走向「軍備競賽」甚至「核武競賽」的可能性甚高。

蒙古積極推動「第三鄰居」外交政策，在中俄之間求取的平衡生存。圖為 2019 年蒙古總理呼日勒蘇赫赴俄進行國事訪問。2021 年，呼日勒蘇赫當選蒙古總統。

北韓導彈試射，大秀軍事肌肉

北韓戮力發展核試驗與核武器，並試圖在彈道飛彈技術上得到突破，藉以提高自保武力和外交籌碼，這使得東北亞長期處在高度緊張中，引來鄰國日韓強力譴責。

北韓發展核武，可溯源至 1956 年，當時北韓和蘇聯簽訂核能研究合作計畫，派遣科學家到莫斯科學習交流，在平壤附近的寧邊設立核能研究所及第一座反應爐，1980 年間又興建第二座反應爐。雖然 1991 年北韓曾主動提議朝鮮半島無核化，但一系列的談判和協議最終宣告無效。

核彈頭要發揮強大效果，必須擁有導彈技術，才能將核威懾範圍拉大。1993 年起，北韓展開一系列飛彈試驗，每次試射接引起軒然大波，而波瀾愈大，北韓的國際聲量就愈大。北韓也在首都平壤建立彈道飛彈模型，以實際畫面大秀肌肉。

北韓也積極發展太空科技，2023 年曾在西海衛星發射場多次嘗試發射運載火箭「千里馬一號」，成功將間諜衛星「萬里鏡一號」送進太空軌道。北韓進一步宣示，會送上更多衛星，監控美國與南韓活動。北韓西海衛星發射場，距離北韓首都平壤 200 公里，北韓宣稱火箭發射是為了發展太空科技，然而國際輿論則普遍認為真正目的是為了導彈試射。

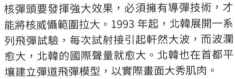

7 台灣的觀點可以是

台灣鄰近東北亞，兩個地緣相互牽引。台灣有事，也會讓東北亞有事。

然而，台灣社會有一個特殊現象，提到「東北亞」一詞時會優先討論日韓，忽略東北亞還有中俄朝蒙四國。究竟東北亞在地緣政治上和台灣有什麼關係？台灣又能扮演什麼樣的角色？

東北亞各國的產業發展階段不同，在地緣政治與地緣經濟變動加劇之際，台灣該如何積極布局東北亞？

透過總體布局、國防安全、經貿投資三組提問，一起激盪台灣人的東北亞地緣政治觀。

視角起步：台灣扮演東北亞域外樞紐

台灣人觀看世界時，習慣聚焦美中台三角關係、緊盯台海情勢演變，忽略周邊地緣的連動性。更因為日韓的觀光與文化吸引，而未意識到台灣可以在東北亞戰和之間扮演「域外樞紐」角色。

文／李世暉

台灣的地理位置，嚴格來說並不屬於東北亞，也不屬於東南亞，是位於東亞地區的東北亞與東南亞交界。從地緣政治來看，無論是安全或經濟，周邊的東北亞與東南亞，都是台灣必須思考的戰略因素。不過，台灣社會有一個特殊現象，在提到「東北亞」一詞時，會優先討論日韓經濟、文化、觀光，從網路搜尋引擎的查詢結果可印證此一趨勢。但國際社會討論東北亞時，會同步關注整體區域安全與地緣經濟，台灣社會認知與國際間存在明顯差異。

亦即，一般台灣民眾所理解的東北亞是「狹義東北亞」，僅涉及日本與朝鮮半島，並著重在民生與文化概念，但國際關係領域採用「廣義東北亞」，不只涵蓋日韓朝中俄蒙六國，議題也包含國防安全、地緣政治、地緣經濟、地理環境等諸多層次。

台灣之所以忽略東北亞安全議題，乃因觀看世界時早已習慣聚焦台海情勢，特別關心中國動態與美國戰略。但中美兩大陣營在東北亞的角力日益白熱化，商

名詞解說

台灣有事

日本前首相安倍晉三在二〇二一年談及台灣時，宣稱「台灣有事即日本有事」，當中國若入侵台灣時將對日本本土構成嚴重威脅，等於將日本、美日同盟一齊引入戰爭狀態。他敦促中國自我節制，避免對台灣採取軍事冒險行動。

方陣營內部也存在矛盾和精算，台灣有必要拉高視野、換位思考，才能掌握大局觀。例如，台灣一向關心國際間的各種台海兵棋推演結果，但其實不管是哪一種推演劇本，一定都不會把台海戰局整個單獨架空來探討，而是會通盤考量東北亞、東南亞、太平洋島鏈，乃至於印度洋角力、俄烏戰爭等變數。

近年，台灣特別流行前日本首相安倍晉三所提出的**「台灣有事」**概念，如果大家拉高視野，循著安倍的思路，就能想見「台灣有事」時，與中國維持緊密關係的北韓爲了分散日美同盟的軍事力量，可能會對南韓展開軍事行動。

反之，當「朝鮮半島有事」時，中國爲了分散日美同盟的軍事力量，台灣海峽也可能出現衝突情勢。

在地緣政治衝突不斷的二十一世紀，「台灣有事，就是朝鮮半島有事」，「朝鮮半島有事，等於台灣有事」，台灣和東北亞國家正成爲彼此的戰略要素，緊緊相依，脣亡齒寒。台灣位於東亞經貿與科技供應鏈樞紐位置，也必須注意美中貿易戰、科技冷戰、中國經濟封閉化等國際走勢，正逐漸讓東北亞形成兩個經濟圈。未來無論東北亞走向和平或戰爭，台灣將有機會藉著經貿與供應鏈實力，扮演「域外樞紐」的關鍵角色。

藉由上述全新視角起步，台灣必須更積極布局東北亞地緣政治和地緣經濟。

台灣人對日韓文化與觀光非常熟悉，但較少關心大東北亞地緣的發展趨勢，以及台灣可以扮演的角色。圖為日本長野市松本城太鼓祭的表演。

總體布局：台灣如何面對東北亞戰和走勢？

當東北亞地緣政治變動愈趨激烈，台灣必須改變理解東北亞的方式，並從外交與供應鏈兩個層面入手，積極布局與東北亞的連動性。

文／李世暉

東北亞衝突外擴　情勢複雜化 vs 範圍擴大化

Q1 台灣並不屬於東北亞，北韓飛彈試射會波及台灣？

二〇二四年五月二十七日晚間，日本防衛省研判北韓發射彈道飛彈，對沖繩縣發布全國瞬時警報系統（J-Alert），呼籲民眾在建築物內或地下室避難。雖然日本政府在三十分鐘之內就解除警報，北韓也聲明發射的是搭載人造衛星的火箭。在北韓常態性舉行的飛彈試射中，這番並未在東北亞帶來太大漣漪，但是對非屬東北亞地區的台灣來說，卻有另一層不同的意涵。

此一事件對台灣的意義在於，原本侷限在朝鮮半島、日本海地區的潛在衝突，隨時有可能波及到與台灣鄰近的琉球群島（日本稱之為「南西諸島」）海域。這顯示，台灣的安全環境已與東北亞情勢息息相關。這樣的發展反映出動東北亞情勢的複雜化與影響範圍的擴大化。

日本沖繩石垣島距離台灣不到 300 公里，在各種「台灣有事」的兵棋推演中，石垣島都被預測為日本遭到戰事波及的區域。圖為石垣港空拍全景。

針對複雜化的東北亞情勢，國際媒體咸認，東北亞正形成兩股勢力全面對峙；中俄朝「威權主義集團」與美日韓「自由民主集團」正全面對抗。**對非屬東北亞但與東北亞命運息息相關的台灣來說，必須要有橫跨政治、外交、經濟與科技的總體認知和布局。**

全新布局　國別外交vs民主供應鏈

Q2 面對全新的東北亞情勢，台灣該如何布局？

台灣若要布局東北亞，可從下述兩個概念切入：

第一，跳脫國別外交的思維。

東北亞戰略影響力正快速升高，台灣與東北亞國家的關係勢必出現重大轉變。傳統重視「國別外交」及強調「雙邊關係」互動的思維，已逐漸難以因應複雜東北亞局勢。例如，圍繞著與台日、台韓相關的政治議題（台灣有事、朝鮮半島有事等），也將同時影響東北亞與東亞的經貿關係；原本屬於台日、台韓經貿的議題（如半導體供應鏈），也牽涉到整體戰略思維。

因此，跳脫國別外交思維，可進一步建構台灣與東北亞的多邊關係，讓台灣與東北亞從事務性互動轉變爲戰略性互動。

第二，**建構東亞民主供應鏈**。

二〇二〇年之後，隨著「印太經濟架構」（IPEF）與「晶片四方聯盟」（Chip 4）啓動，建立可信賴、安全的科技與經濟網絡，成爲美國重要戰略。台灣與東北亞的日韓兩國，正面臨相同的經濟安全情境，包括科技供應鏈韌性、資訊安全、經濟依存風險等，彼此有必要建立合作機制來因應變局。

特別在半導體供應鏈領域，台日韓共享自由民主價值觀，各自也在半導體供應鏈上扮演關鍵角色。例如台灣的邏輯晶片製造、先進封裝與IC設計的能力，日本的半導體設備與材料技術，以及南韓的**高頻寬記憶體**（HBM）等，掌握半導體與AI產業關鍵的台灣與東北亞，如何共同建立互惠雙贏的民主供應鏈，已成爲提升世界經濟發展、促進國際繁榮的核心議題。

命運共同體　命的觀點vs運的觀點

Q3 台灣布局東北亞和東南亞兩個地緣，各需要什麼樣的調整？

值得注意的是，台灣位於東北亞與東南亞之間的樞紐位置，但對於東北亞的認識與東南亞的理解，卻呈現兩種不同的態度。

名詞解說

高頻寬記憶體（HBM）

採用3D立體堆疊工藝的高效能記憶體，目前全球只有三星、SK海力士與美光三家記憶體製造商生產。高頻寬記憶體具有容量大、低功耗、體積小及存取速度快的優點，為AI處理器所需要的搭配套件。

台灣多以國別外交的思維思考東北亞，並由此衍生出台日關係、台韓關係、兩岸關係等概念。對於東南亞地區，台灣則是以區域概念來理解，較少深入區隔東南亞的個別國家。

因應國際變局，上述兩種態度都有必要調整。一方面，台灣對東南亞的認識，要加強國別外交的思維；另一方面，對於東北亞的理解，必須要納入區域外交思維。

處於東北亞「域外」的台灣，已與東北亞命運息息相關。

從「命」的觀點來說，日本、南韓與台灣，已命定了自由民主國家體制及民主供應鏈的本質。

從「運」的角度來看，東北亞威權主義集團與自由民主集團的對抗，已成爲影響台日韓發展道路的運勢。

藉由跳脫國別外交思維、建構東亞民主供應鏈等對總體布局概念，台灣與東北亞將可從命運息息相關階段，進入更緊密的「命運共同體」階段。

日本前首相安倍晉三雖在二〇二二年遇刺身亡，但他生前擘劃的印太戰略構想，引導整個東北亞和印太走勢。

國防安全：地緣相依，台日韓軍事可能合作？

台灣海峽穩定對日韓至關重要，但在中國因素與美國防衛思維的局限下，台日與台韓有什麼軍事合作的可能？

文／翟文中

美國扇形戰略 缺橫向聯繫機制 vs 重多重雙邊防禦

Q1 台灣有可能與日韓兩國發展出軍事聯盟關係嗎？

台灣與日本同處太平洋第一島鏈，存在著緊密的地緣戰略關係，冷戰時期基於反共需要，亦與南韓維持著相當的軍事人員交流。因此，除介入東北亞安全的美國外，日本與南韓是台灣最可能與其發展軍事合作的區域國家。

然而，在二戰後東北亞秩序安排中，美國政府採取**「扇形」（fan-spread）戰略**概念，透過與南韓、日本與台灣的雙邊防禦條約形成了一根又一根的「扇骨」，美國則控制「扇底」從而構成並完善「扇形」安全防衛體系。

由於缺乏橫向聯繫機制，加上各國在安全事務上完全唯美國馬首是瞻，台灣與日韓間缺乏發展緊密軍事合作的溫床與催化劑。在這種情況下，東北亞諸國無法如歐洲國家般發展出類似北約組織的區域防衛機制。

名詞解說

扇形戰略（fan-spread）

前美國國務卿貝克在一九九一年提出的美國亞太戰略，主要是尤以美國為中心，將日本、南韓、菲律賓、泰國、澳洲等國家涵蓋進去的扇狀防衛構想，成為美國在亞太地區所推動和平演變的圍堵界線。

另一方面，日本與南韓雖是美國的軍事盟國，惟兩國間的軍事合作亦相當有限，近年來在美國抗中戰略的不斷敦促要求下，日韓軍事交流與合作才有逐漸增溫趨勢。

由於中國強力打壓，台灣參與國際安全的各項努力均遭到杯葛，日韓兩國囿於本身戰略考量，甚難與台灣進行軍事合作，美國這個區域外國家遂成爲台灣國家安全的最重要支撐，這是權力政治與冷戰格局共同形成的特殊結果。

日韓考量　自由通航vs海上執法

Q2 台灣海峽具貿易與戰略重要性，日韓如何與台灣合作最爲恰當？

就當前戰略態勢言，南韓並未忽視台灣的地緣戰略重要性。南韓進口的大部份能源及超過九成的海洋貿易額（maritime trade volumes），均必須穿越台灣海峽。就此觀之，台海水域的穩定與自由通航，對南韓國家安全

美軍海軍霍華德．洛倫岑號飛彈追蹤艦在東京灣航行。

實扮演著舉足輕重的角色。

然而，北韓是南韓最直接且迫切的威脅，加上南韓在中國擁有巨大投資，並期望中國能牽制北韓，因此即使台灣有意深化軍事合作，南韓爲了避免捲入美中對抗，權衡輕重後，自然不太可能與台灣進行軍事合作，南韓在野黨甚至準備提案要求南韓軍隊與駐韓美軍應避免涉入台海衝突。

相同地，日本的能源輸入與海商貿易也仰賴台灣海峽甚殷，惟其對台海穩定的關切與南韓所持的態度迥然不同。一九八○年代開始，日本對台海穩定已展現高度關切，從一九八○年代的保護一千浬海上交通線，到其後將台海納入日本「周邊事態」範圍，前日本前首相安倍晉三更指出「台灣有事，就是日本有事」。這些政策標示著台海穩定與日本安全已融爲一體，這種看法也成爲日本朝野共同一致的觀點。

由於台日在安全事務存在著「共同價值」，這爲未來兩國安全合作提供了良好的基礎，亦有助於雙方在軍事領域進行更具深度與廣度的合作。

二○二四年七月十八日，台灣海巡署與日本海上保安廳巡防艦，於日本千葉縣房總半島外海水域進行了聯合操演，這是台灣與日本自一九七二年中止外交關係後，雙方海上執法單位進行了首次聯合演習，引發國際社會高度關切。

此次聯演主要目的，是在強化雙方在海洋執法上的合作，針對的是海上搜救、打擊走私與防堵偷渡等項目，並非針對中國或第三國進行的特定海上操演。

名詞解說

日本海上保安廳

非軍隊組織，但卻被視為準軍事組織，主要是在海上保護日本人民生命財產與預防違法犯罪，執行警備、海難救助、海洋情報、交通等業務。

聯合島嶼防衛概念 (Joint Island Defense Concept)

又稱「聯合島嶼防禦概念」，是由美國統合台灣、日本和東南亞國家如何在「第一島鏈」內對抗中國的軍事力量。

日本海上保安廳的海岸防衛隊在沖繩宮古島巡邏。

即令如此，由於海上執法單位是海洋國家國安體系的重要組成，台日間的海上聯合演習被許多學者視爲雙方軍事合作的起手式，這種推論過於樂觀，同時也混淆了「海上防衛」（maritime defense）與「海上執法」（maritime law enforcement）間的差異。

選項 一軌半或二軌 vs 軍事軟體交流

Q3 台日確有軍事交流需求，該如何低調進行？

當前，日本政府雖解除自身行使「集體防衛權」的部份限制，但在理解並尊重「一個中國」原則的情況下，台日雙方的軍事合作甚難取得突破性進展或進行任何官方性質的交流。在這情況下，台日軍事交流必須採低調與間接方式，方能化解來自中國的橫加干擾與各種打壓。

就台日開展軍事合作言，採取「一軌半」或「第二軌」方式是具操作性的行動選項，雙方現役或退役將領可透過學術研討或智庫兵推等場合，對台海安全相關議題進行研討或交換意見，得出的結論或方案，則可回饋至雙方決策體系成爲

具體政策。

另一則是加強軍事軟體面向的交流，這個領域的合作雖然不似聯合軍演引人關注，但由於軟體對武器載台與作戰效能具有「賦能」效果，透過此領域強化雙方的操作互通與情資分享交流，產生的效果在深度與廣度上均非聯合軍演所能比擬。

例如，台日可就軍用人工智慧的研發與運用進行合作，或對具軍事潛力的新興科技共同投資研發。由於軍民兩用科技具有相當的模糊性，這個領域的合作可透過學術研究或產業研發爲之，從而淡化其具有的強烈軍事色彩。

此外，若美國能邀集台日共同參與醞釀並逐漸成形的**「聯合島嶼防衛概念」**（Joint Island Defense Concept）研討，透過此平台則可加速台日軍事合作進程，分享由防衛構想至敵情威脅等不同層級資訊，產生的作用亦不亞於執行聯合軍演，且可大幅降低政治與外交上面對的高度風險。

換言之，台日未來軍事合作的深度與寬度非由兩造決定，美國的政治意願與介入程度才是眞正的驅動力量。

日本引進美國戰區飛彈防禦系統中高空防空武器愛國者飛彈，該武器具備了攔截無人機與近程彈道飛彈的優異性能。圖為日本的愛國者三號飛彈發射裝置。

經貿投資：看到趨勢，如何吃到大餅？

東北亞各國的產業發展階段不同，台商在東北亞有什麼新機會？

文／魏錫賓（《自由時報》財經週報執行長）

產業競合　晶片vs供應鏈

Q1 台商在東北亞投資是否已經出現機會？有什麼新趨勢？

在景氣更迭的循環中，各國的經濟發展，自然地向強勢產業靠攏，漸漸形成新產業結構，並在危機中突出經濟的本質及韌性。受到新冠病毒擴散衝擊，全球經濟一度墜入百年罕見大衰退；世界銀行的資料顯示，二〇二〇年全球經濟成長率為負二．九％，位在東北亞的日韓同樣陷於衰退，台灣卻逆勢創下成長三．三九％的佳績。

二〇二〇年因積體電路（晶片）出口較前一年增加二三％，強勢帶動台灣經濟的成長；到了二〇二三年，在台灣四千多億美元的總出口中，晶片已占超過三八％，原本強勢的產業繼續引領風騷。過去與台灣常互相視為競逐國際市場假想敵的南韓，出口第一名雖也是晶片，但比例僅約一六％，加上居次的汽車（及

名詞解說

已開發國家

相對於其他工業化程度較低的國家而言，具有較高生活水準、發達經濟和先進技術基礎設施的主權國家。

零組件）及石化商品的出口，占總出口的比例才達三八％左右；而日本則以車輛出口占第一名，加上相關零組件，合計占總出口近二〇％，其他商品則相當分散。

台韓分別從輕工業、重工業走向電子產業，各自集結重兵征戰全球，所得逐步趕上亞洲首先擠進已開發國家之林的日本。在疫情鎖國封城時，遠距生活造就電子業意外商機，台灣經濟維持成長，南韓也僅略微衰退，日本卻負成長四．一％。

從出口結構可以發現，台日韓各自形成競爭態勢與合作關係。台韓的競爭性較強，而台日間則存在更大的合作空間，台灣過去是日本產業供應鏈的下游，如今亦有不少機械設備及電子原物料自日本進口。

從對外投資，可略窺競合的趨勢。截至二〇二三年十二月底止，經濟部核備台商對外（不包括中國）投資約二千億美元，其中日韓累積金額約分別爲一百二十一億美元、二十九億美元，對日投資遠高於對韓。不過，若考慮日本是國內生產毛額（GDP）僅次於美中德的先進經濟體，且慣常是國人出國旅遊的第一名，這樣的投資金額也不突出。

趁著日圓相對貶值，近年台商投資日本有增加的現象，且業別相當分散，除藥品、化工、電子零組件外，亦有服務業的餐飲、批發零售、運輸、金融保險及不動產等業者進駐。在台積電熊本廠設立後，台積電供應鏈中具有合作優勢的廠商，以及周邊的服務業，則確實有更大機會前往開拓新的市場。

名詞解說

晶片與科學法（CHIPS and Science Act）

也稱為晶片法案。在二〇二二年，美國國會所頒布的一項聯邦法規，該法提供數百億美元的資金，用來促進美國半導體的研發與製造。

半導體產業　台積電產能配置 vs 地緣政治布局

Q2 台積電在日本熊本設廠，是否能帶動其他產業台商投入東北亞經濟熱區？

美國從川普擔任總統時就對中國發起貿易戰及科技戰，包括半導體的管制及供應鏈管理等，都端上檯面、付諸實行，到了拜登總統在二〇二二年進一步通過「晶片與科學法」（CHIPS and Science Act），祭出大額補助，終於軟硬兼施、手法齊備地欲將重要半導體大廠留在美國本土。主要國家將半導體視爲戰略產業於是顯得自然，這也促使台積電先後至美、日、德設廠。

各國將發展半導體業視爲國家戰略，而台積電到各國設廠則是其重要的經營戰略；美國是台積電最大的市場，日本與美國都是台積電供應鏈上重要廠商的聚集地，在歐洲設廠則有平衡效果。二〇二四年八月底，台積電市值占台股上市公司總市值的三分之一以上，從另一個角度看，如此台積電的產能配置，未嘗不能視爲台灣在地緣經濟上的布局。

經濟部投資審議會於二〇二一年十二月核准台積電以最高日幣二千三百七十八億元與日本索尼 Sony 合作設立日本先進半導體製造公司 JASM，於日本熊本縣設置一座十二吋晶圓廠。在二〇二四年六月的會議中，投審會再核准台積電增資日本子公司 JASM 共五十二億六千二百萬美元，用以新建十二吋晶圓廠的熊本二廠。

日本的的電子產業基礎雄厚，疫情期間也得利遠距辦公商機。圖為東京知名的秋葉原電器商城。

台積電在日本百億美元的大規模投資，幾乎相當於過去數十年台商在日本投資的累計，不僅進一步拉近了台、日關係，由此延伸的商機將更為可觀。初期有配合的供應鏈廠商前往設廠，後續的服務業勢必跟進，像航空業已迅速的開闢到熊本的新航線；然而，台積電效應能否擴大到全日本，則還需要觀察，尤其是日本具有優勢的產業，台商一時應該很難進入。

二〇二三年獲台積電頒發優良供應商獎的二十家廠商中，不管是原物料或機器設備，都來自台、美、日，並無南韓廠商；南韓也是半導體大國，三星電子獲利與市值都居全球前幾名，雖然台灣有許多電子廠與韓廠有上下游關係，美國也想將台韓都拉進聯盟中，但就半導體產業來說，南韓與台灣比較像是競爭，而非夥伴關係。

名詞解說

轉口貿易

國際貿易中進出口貨物通過第三國轉手進行貿易，轉口地通常是位於交通樞紐，中轉國採取特殊的關稅優惠政策。

日本鬆動　合作合資vs服務台商

Q3 台商到海外設廠的因素有哪些？服務業在東北亞有機會？

台商到海外設廠受多種因素影響，可能有如台積電考量接近市場、供應鏈完整性、原物料取得、政府補助、地緣政治等，也有企業重視社會友善、考慮稅賦或單純想要獲得便宜的人力、土地，以降低生產成本等。不是所有的企業都能獲得如台積電般的地位，因此不能一窩蜂、太樂觀地前進日本。

台積電赴日本熊本設廠，轟動全球。圖為熊本吉祥物熊本熊。

然而，過去封閉的日本經濟，確實逐漸鬆動，金融面尤其有許多開放措施，因此，除了關注南向之外，台商可能也要把眼光望向日本。保守一點，可先尋求與當地企業合作、合資。

扣除美中俄日韓，東北亞餘下的北韓及蒙古國內生產毛額（GDP）均只有二百億美元左右，經濟規模相對小，甚少台商前往投資。北韓尤其封閉，僅有部分在灰色地帶的**轉口貿易**，而蒙古二〇二三年與台灣的進出口合計也僅有三千多萬美元，占台灣際貿易比例不及萬分之一，影響相當小。

台灣過去對外投資以電子相關製造業及金融保險業金額較大，北韓、蒙古與台灣之間既少貿易關係，當地又缺相關產業供應鏈的廠商，恐非分散區域風險的好選擇，台商應缺少設廠意願。至於金融服務業在東北亞的機會，應該還是在日本，除了因日本政策傾向金融開放外，台灣海外設置據點的金融業者一般都先以服務台商爲重心，藉以在當地站穩腳跟。在台積電前往熊本設廠後，後續或許有一波台商跟進的熱潮，金融業應已審慎在評估商機。

地緣政治筆陣

戰略

國際新戰略，果敢的透明

國際間正流行一種「果敢的透明」戰略，故意將情報攤在陽光下打宣傳戰，讓對手出手時猶豫，但這種做法卻會使外交失去迴旋空間，後續效應值得觀察。

文／劉必榮

情報與外交，嶄新模式出現

二〇二四年九月，美國中情局長伯恩斯和英國軍情六處處長摩爾，應英國《金融時報》之邀在倫敦公開會面，並同台回答讀者的問題。**兩個最神祕的情報頭子以這種形式公開會面，是有史以來第一次，代表情報與外交工作似乎正逐漸以一種新的模式出現。**

情報工作之所以神祕，在於它在事成之前是不會輕易曝光的。我們不會告訴敵人，我掌握了他多少情報。但俄烏戰爭發生前，這種操作方式被顛覆。在美英情報單位合作下，兩國每隔一陣子就稱根據情報俄國可能於什麼時間對烏克蘭發動攻擊。俄國於是急忙出來闢謠，稱此等揣測皆空穴來風，子虛烏有。於是西方一次次揭露，俄國一次次闢謠，預期中的俄烏戰爭也就一直沒有發生，或被迫一次次延後。

俄烏戰爭爆發後，批評西方世界者說，美歐一次次揭露俄國即將攻烏，俄國一

名詞解說

灰色地帶（grey zone）

泛指兩敵對陣營在正式宣戰前，在媒體、政治間角力的準軍事活動，是介於「戰爭與和平之間」的戰術，目的是利用長時間的戰術漸漸削弱對手，像是中國軍機經常闖入防空識別區，台灣需要經常派出戰機警告，這是中國試圖長期消耗台灣資源的灰色地帶戰術行動。

次次皆無行動，貌似懦弱的行爲勢必爲西方所訕笑，最後終被逼入死角，引爆了戰爭。以西方爲是者則認爲，俄國攻烏自有其既定戰略，絕非被歐美訕笑所逼。歐美情報合作一次次揭露俄國計畫，正是迫使俄國不得不把攻擊行動一次次延後，讓烏方得以爭取準備時間的成功戰略。

伯恩斯與摩爾的對談，看得出他們對兩國情報合作與即時公開的戰略效果是滿意的。

透明戰略 vs 外交折衝

菲律賓在南海衝突上也學習了這個戰略。中菲在南海的衝突愈來愈頻繁，從最早的美濟礁、黃岩島，到仁愛礁、仙賓礁。中國大陸說菲國每每假運補之名，行挑釁之實；菲國則指中國惡意阻擋運補，刻意升高衝突。然而不管衝突是哪方挑起的，只要發生，菲國都刻意拍照、錄影並公告周知。**菲律賓總統小馬可仕把這種戰略叫「果敢的透明」，就是要把中國灰色地帶的侵略行爲公布出來，接受公評。**

但這種「果敢的透明」卻有一個風險：將來要和解時該如何轉圜？外交需要折衝妥協，所以很多行動是檯面下的，是安靜的，是切忌喧嘩叫囂的。

英國秘密情報局的總部位於倫敦泰晤士河畔，又稱為軍情六處大樓。

透明戰略與外交折衝根本背道而馳，所以我們才會對美英兩國情報頭子的公開見面感到突兀。因爲他們兩人都有外交官的背景：伯恩斯是職業外交官出身，當過美國副國務卿、駐俄大使；摩爾也當過英國駐土耳其大使。也就是說，他們應該也都深諳安靜外交的眞諦，可是負責情報工作之後，卻一反安靜外交與情報機密的原則，改採公開揭露俄國攻烏計畫的策略，將一切資訊攤在陽光底下。**這是過去沒看過的新現象。是否以後任何國家對壘都會採取這樣公開情報的方式打宣傳戰，値得關注。**

俄烏戰爭是已經爆發的戰爭，那南海衝突呢？菲國內部已開始有聲音出來，指菲國最後終究還是得和中國談判，但「果敢透明」的戰略卻會使外交失去迴旋空間，因此呼籲在戰略上改弦更張。

英國秘密情報局，世界的「千里耳」

英國秘密情報局，又稱「軍情六處」，被公認是國際間最強大的情報機構之一，與美國中央情報局（CIA）、俄羅斯國家安全委員會（KGB）齊名。

英國秘密情報局之所以強大，來自大英帝國的餘蔭。二戰後，共有 56 個國家加入大英國協，這些國家在簽證、貿易、教育、價值觀上的趨同性，讓軍情六處情報網得以向全球拓展。再加上英國也是「五眼聯盟」成員，軍情六處在冷戰、古巴危機、俄烏戰爭、監視中國軍事擴張等議題上，都扮演重要角色。

中國軍機不時闖入台灣海峽的防空識別區，成為中國常見的灰色地帶戰術行動。圖為中國殲轟 -7A 戰鬥機，可以執行作戰半徑 1760 公里以內的攻擊任務，範圍涵蓋整個東北亞地區。

自由航行

歐盟攜日韓布局亞洲，確保台海自由航行

歐洲有四成的貿易會經過亞洲海域，促進印太地區穩定及確保航行自由，即歐盟國家關心自身經濟安全與國家命脈。

文／張孟仁

歐艦紛紛東來，呼應歐盟印太戰略

距上次通過台灣海峽已有廿二年的德國軍艦，終於在二〇二四年九月十三日清晨現身穿越海峽中線，驗證德國外交部長貝爾伯克（Annalena Baerbock）五月份訪問紐西蘭時所透露：這艘軍艦不排除穿越台灣海峽。

在這之前，義大利、德國、法國海軍紛紛東來，與日本、澳洲在東海海域實施聯合訓練，義大利航母「加富爾」號更是首次停靠**橫須賀基地**。根據義大利克羅塞托（Guido Crosetto）說法，此舉欲彰顯義大利呼應歐盟的印太戰略，同時加深與日本的國防合作，捍衛航行自由。

另外，美國、加拿大等國軍艦紛紛通過台灣海峽，歐盟方面依次則是法國、荷蘭、德國，其他歐盟成員國則與日本、澳洲等一起聯合訓練，透露出歐盟捍衛台海和平的意圖。對於以貿易安身立命的歐洲多國而言，促進印太地區穩定及確保此地區航行自由，在在牽涉到經濟安全與國家命脈，畢竟有四成的貿易會經過

名詞解說

橫須賀基地

位於日本神奈川縣，二戰後該基地交給美國海軍使用，目前是駐日美國海軍司令部所在地，為美國第七艦隊據點，也是美國本土以外唯一一處具有可停靠航空母艦的軍港。

紅綠燈聯盟（traffic light coalition）

由德國的社會民主黨（SPD）、綠黨（The Greens）和自由民主黨（FDP）所組成，中間偏左的社民黨、生態主義的綠黨和親商的自民黨的代表色分別是紅色、綠色和黃色。

亞洲海域。

無畏激怒中國，德國搶著布局亞洲

在德艦穿越台灣海峽前的一個月，德國海軍少將接受《路透社》訪問時即表示，正等待柏林命令決定九月是否穿越台海，結果成真。**德國無畏激怒她非常在意的大中國市場，透露出幾個意涵：**

第一，德國與意念相近的夥伴們站在一起，積極維護基於規則的秩序，和平解決領土衝突及航道自由。

第二，德國於二〇二〇年制定印太戰略；二〇二三年七月制定中國戰略，如今積極與日本展開軍事合作並大無畏通過台海，特別是**「紅綠燈聯盟」**在國內選舉失利之際，應專注於內政的情況下，仍下令通過台海。雖然此舉可能惹惱北京，但卻意味著德國願意分散風險，視台海穩定爲要務之一，而不只是依賴單一市場。

第三，美國揭露俄中的軍民兩用武器流通，以及北京支持伊朗，都是德國憂心的癥結點。

第四，重商的德國，勇氣當然來自不願落後歐盟其他成員國的亞太布局。

歐盟及成員國前進亞洲，動作頻頻，針對潛在衝突畫出紅線，歐盟透過攜手日、韓、北約及G7的悄悄布局。若只有少數國家通過台海，自然擔心會遭報復，

美國定期邀請日本、英國、荷蘭、加拿大等同盟國海軍，定期在沖繩西南海域舉行聯合演習，意在向中國宣示戰力。圖中左邊軍艦為荷蘭皇家海軍護衛艦「埃弗特森號」停靠在日本橫須賀港。

反之，**多數爲之即成大勢。**

近期訪問台灣的歐洲團大幅增加，期待台積電的德國廠及台灣與捷克協商中的緊密合作，能把台灣的重要性擴溢至其他歐盟成員國。**台灣是歐盟分散風險的另一選擇，誠如歐盟印太戰略把台灣視爲重要的合作夥伴。**

黃金陣容作者群（按姓氏筆畫排列）

李世暉—政治大學國際事務學院教授、台灣日本研究院理事長
巫仰叡—「巫師地理」粉專社群版主
張孟仁—輔仁大學義大利語文學系副教授兼系主任、外交暨國際事務學程召集人
湯智貿—東吳大學政治學系助理教授
黃恩浩—國防安全研究院國防戰略與資源研究所副研究員
董思齊—台灣智庫副執行長
翟文中—國防安全研究院國防戰略與資源研究所助理研究員
劉必榮—東吳大學政治學系教授
魏錫賓—《自由時報》財經週報執行長
陶雨融—資深國際時事觀察人
柯筆辰—資深國際時事觀察人
林俊宇—資深國際時事觀察人
楊文里—資深國際時事觀察人
李崇翔—資深國際時事觀察人

地緣政治筆陣徵文

對國際關係有獨到見解嗎？「地緣政治筆陣」單元邀請您抒發己見，腦力激盪。

不限地緣區域與議題，來稿文長以八百字或一千二百字為宜，本社擁有編輯與刪改權，不願刪改者請特別註明。本單元亦接受漫畫投稿，請以 JPG 格式傳送。

恕不接受一稿多投。

來信主旨請註明「地緣政治筆陣徵文」，並附真實姓名、身分證字號、職業、通訊地址及戶籍地址（包括區里鄰）、聯絡電話、銀行帳號（註明分行行名）、E-mail 帳號。刊登前將以 E-mail 通知；刊出後，稿費作業將專函聯繫。

徵文信箱：crystal@bookrep.com.tw

八坂神社

日本祭典上，
男兒抬轎祈福。
東北亞的未來，
和平是可觸及的夢想？
抑或是不可企及的空想？
翻轉的可能性，正扛在各國肩上。

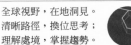

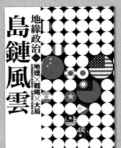

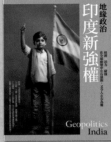

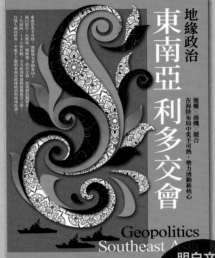

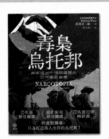

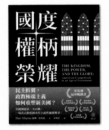

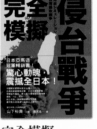

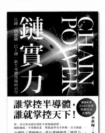

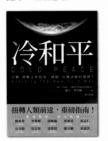

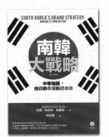

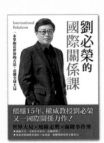

Geopolitics 地緣政治 004

地緣政治：

東北亞戰和走索

科技╳矛盾╳核武，在衝突中主導走勢，離戰爭距離最近

作　　者／劉必榮、李世暉、董思齊、黃恩浩、翟文中、張孟仁、湯智貿、魏錫賓、巫仰叡、陶雨融、
柯筆辰、林俊宇、楊文里、李崇翔
總 編 輯／林奇伯
責任主編／李宗洋、楊鎮魁
文稿校對／楊鎮魁、李宗洋、耿存濬
美術編輯／林家琪
封面設計／Atelier Design Ours
圖像總籌／林俊宇
圖像授權／達志影像

出　　版／明白文化事業有限公司
地址：231 新北市新店區民權路 108-3 號 6 樓
電話：02-2218-1417　傳真：02- 8667-2166
發　　行／遠足文化事業股份有限公司（讀書共和國出版集團）
地址：231 新北市新店區民權路 108-2 號 9 樓
郵撥帳號：19504465 遠足文化事業股份有限公司
電話：02-2218-1417
讀書共和國客服信箱：service@bookrep.com.tw
讀書共和國網路書店：https://www.bookrep.com.tw
團體訂購請洽業務部：02-2218-1417 分機 1124
法律顧問／華洋法律事務所 蘇文生律師
印　　製／博創印藝文化事業有限公司

出版日期／ 2024 年 12 月初版
定　　價／ 480 元
I S B N ／ 978-626-97577-9-4（平裝）9786269757756（EPUB）
書　　號／ 3JGE0004

國家圖書館出版品預行編目 (CIP) 資料

地緣政治 : 東北亞戰和走索　科技 X 矛盾 X 核武 , 在衝突中主導走勢 , 離戰爭距離最近 / 林奇伯總編輯 . -- 初版 . -- 新北市 : 明白文化事業有限公司出版 : 遠足文化事業股份有限公司發行 , 2024.12　面 ;　公分 . -- (Geopolitics 地緣政治 ; 4)
ISBN 978-626-97577-9-4(平裝)1.CST: 地緣政治 2.CST: 國際關係 3.CST: 戰略 4.CST: 東北亞
571.15　　112012568